A.Gómez R

MEXICAN CALENDAR GIRLS
chicas de calendarios mexicanos

Mexican
CALENDAR GIRLS

chicas de calendarios mexicanos

GOLDEN AGE OF CALENDAR ART: 1930–1960
la época de oro del arte de los calendarios: 1930–1960

by + por **ANGELA VILLALBA**
foreword + prólogo **CARLOS MONSIVÁIS**

CHRONICLE BOOKS
SAN FRANCISCO

to mother and daddy,
WHO HAVE UNSELFISHLY SUPPORTED ALL OF MY IDEAS,
INTERESTS, AND DREAMS, EVER SINCE MY FIRST TRIP TO MEXICO.

a mamá y papá,
QUIENES HAN APOYADO DESINTERESADAMENTE TODAS MIS IDEAS,
INTERESES, Y SUEÑOS, DESDE MI PRIMER VIAJE A MÉXICO.

COVER	PAGE 1	PAGE 2
Fruta Abundante	*Tehuana Rojo*	*La Malinche*
Plenty of Fruit	Tehuana in Red	The Malinche
Jorge González Camarena, 1951	Antonio Gómez R., 1936	Armando Drechsler, 1936
Galas de México	Enseñanza Objetiva	Galas de México
Collection of Leigh Adams		

Library of Congress Cataloging-in-Publication Data available.
ISBN-10: 0-8118-5315-2 / ISBN-13: 978-0-8118-5315-6

Manufactured in China
Designed by Alethea Morrison
Spanish text translation by Felix Lizarraga

Distributed in Canada by Raincoast Books
9050 Shaughnessy Street
Vancouver, British Columbia V6P 6E5

10 9 8 7 6 5 4 3 2 1

Chronicle Books LLC
85 Second Street
San Francisco, California 94105
www.chroniclebooks.com

CONTENTS
contenido

FOREWORD

Calendars: Cultural Snapshots and Visual Tradition

BY CARLOS MONSIVÁIS

Following the violence of the Mexican Revolution, signs of faith in a modern way of life began to emerge in Mexico City, principally through advertising. The advertising industry exalted the national identity of a new united Mexico through the marketplace—praise given but not seen is soon forgotten. The spirit of *Hecho en México* began its triumphant career by embracing Mexico's ubiquitous and omnipresent popular symbols. A list of popular Mexican icons would inevitably include:

+ the Virgin of Guadalupe, both the symbol and the attendant religious experiences that serve as the background for an imaginary chapel and fiesta of customs.

+ the eagle and the serpent of the national coat of arms; the flag, with its patriotic colors of green, white, and red; the ancient warriors; the legendary heroes such as the revolutionary priest Miguel Hidalgo and the indigenous leader Benito Juárez; and the images of *la patria* in her diverse and colorful vestments.

+ the *charro* (Mexican cowboy); the *China Poblana* (a style of dress attributed to a Chinese girl who lived in Puebla in the 1700s); the *Jarabe Tapatío* (Mexican hat dance); the flowers; the colors without which small villages would languish in tedium; the volcanoes (Popocatépetl and Iztaccíhuatl); the corporal on horseback; the rooster (one of the allegories of Mexican temperament); and the traditional clothing of the Isthmus of Tehuantepec, Yucatán, or Puebla.

PRÓLOGO

Los Calendarios: el decorado instantáneo y la tradición visual

POR CARLOS MONSIVÁIS

Transcurrida la etapa más violenta de la Revolución Mexicana, la Ciudad de México se pacifica lo suficiente como para que broten los signos de confianza de la vida moderna, entre los cuales la publicidad tiene sitio principalísimo. La publicidad exalta el Mercado y, de paso, le da su sitio a los emblemas de la Identidad Nacional también necesitada de promoción (Lo que no se ve entre elogios se olvida, por más que se lea o mencione.) Y lo *Made in México* inicia su carrera triunfal al hacer suyos los símbolos populares más presentes o más omnipresentes, a lo que acompañan los flashes de la memoria. En la lista inevitable, a México lo representan:

+ la Virgen de Guadalupe, el símbolo y las vivencias religiosas que lo acompañan, que es el paisaje y es la capilla imaginada y es la fiesta de la costumbre.

+ el Águila y la Serpiente del escudo nacional, la Bandera, los "colores patrios" (verde, blanco y rojo), los guerreros antiguos, los héroes (el cura Miguel Hidalgo, el liberal Benito Juárez), las imágenes de la Patria en sus diversos vestuarios, tan coloridos.

+ el Charro, la China Poblana, el Jarabe Tapatío, las flores, los colores sin los cuales los pueblos pequeños languidecerían de tedio, los volcanes (el Popocatépetl y el Iztaccíhuatl), el Gallo (una de las alegorías del temperamento mexicano), los trajes típicos (del Istmo de Tehuantepec, de Yucatán, de Puebla), el caporal a caballo.

◆ the *rebozo* and the *sarape*—femininity and masculinity worn about the shoulders. The *rebozo* and the *sarape* insist that Mexico is still defined by *"lo típico"* (the typical or popular), that which can be seen everywhere, and *"lo clásico"* (the classic), whose perfection is an object of pride. It is possible to say that in Mexico, one can still easily distinguish between *"lo típico"* and *"lo clásico."*

From the beginning, national symbols made their debut on packaging, on store signs and on cigarette and cigar wrappers. As it should be! The development of reputation is mutual: the symbols certify the origin of the products, and the constant use of the products reasserts the value of their allegories. We go to them because they are symbols of Mexico—they are symbols of Mexico because they are there when needed. By the 1920s, national symbols were used to foster the myths of provincial country life, which had begun to lose vibrancy. In order to rescue or protect cherished memories from the revolutionary experience, provincial country life was drawn, painted, and conjured in text and songs. Life in the pueblos was perpetually beautiful; eternally in love; the loving duet of national costumes; the Indian princess; the *trajinera* (Aztec gondola) in Xochimilco; the *tehuana* with gourds, fruit, and little paper flags (a premonition of Carmen Miranda, the tutti frutti hat girl.)

In the paintings that would become calendars, the national symbols reappeared to unanimous acclaim as commercial ads. But despite the similarity of intentions and interpretations of the painters and designers (notoriously Mario Chávez Marión), there are no points of contact with the world of sensational fashion exemplified in the United States by the work of Peruvian Alberto Vargas and his "Vargas girls." In the work done by Mexicans, the predominant

---

Dejo aparte dos prendas de vestir, el Rebozo y el Sarape, la Femineidad y la Masculinidad que se cuelgan de los hombros. El Rebozo y el Sarape insisten: a México todavía lo definen *lo típico,* aquello que se deja ver en todas partes, y *lo clásico,* lo que enorgullece por su perfección ¿Hace falta decir que en México, entonces, aún se distinguen lo típico y lo clásico?

Al principio, los símbolos nacionales hacen su debut en las envolturas, los anuncios de tiendas, las envolturas de cigarrillos y puros. Así debe ser. La acreditación es mutua: los símbolos certifican el origen (las características) del producto, y su uso insistente reafirme el valor de las alegorías. "Se acude a ellas porque son los signos de México / son los signos de México porque allí están cuando se les necesita." Ya en la década de 1920 los símbolos nacionales corresponden a la mitificación de la provincia, que comienza a desvanecerse y a la que para rescatarla o protegerla de las vivencias de la Revolución, se le dibuja, pinta, evoca en textos y canciones. La Provincia: eternamente bella y enamorada, el dúo amoroso de trajes nacionales, la princesa indígena o la trajinera en Xochimilco o la tehuana con jícara, fruta y banditas de papel (Una premonición de Carmen Miranda, *the tutti frutti hat girl.*)

En las pinturas que se volverán calendarios, los símbolos nacionales reaparecen, entre el aplauso unánime, como anuncios comerciales. Sin embargo, no obstante la similitud de las poses y la intención de los pintores y los diseñadores, (muy notoriamente Mario Chávez Marión), no hay puntos de contacto con el mundo de "la moda sensual" ejemplificada en Norteamérica por las "Vargas girls." En los trabajos de los mexicanos domina la idea de añadirle poder de seducción y de actualidad a las mexicanas de siempre, inventarlas y redescubrirlas gracias a la publicidad.

idea was to add seductive power and a touch of the modern to Mexican women as they were traditionally imagined, to reinvent them and rediscover them, all thanks to advertising.

The vogue for calendars, strictly for popular consumption, started to grow in the 1930s. The most common theme was fantasy: the Mexican fiesta and the ravishing young woman with flowers in her hair representing in an almost literal sense the youth of Mexico. This in turn represents the country itself; its offering to nature, its sensuality ripping away the ancient veils of modesty (Malinche, Cortés's mistress and translator, could resemble the Hollywood actress Anna May Wong, and the Mayan princesses could evoke the sumptuousness of María Montez in *Arabian Nights,* that happy Arabia of the imagination). The calendar art mixed Hollywood fantasies and Mexican legends, which in turn transformed into movie themes.

One basic upshot of all this was to make the nation of Mexico seem no more than a cliché for tourists: a nation that dresses as a *charra* (cowgirl); a nation that is a pinup girl; a country that reflects its stereotypes and dresses itself differently because its beautiful body requires another consciousness; a nation that is already indistinguishable from its tourism. But the artists—Eduardo Cataño, Jaime Sadurní, Armando Drechsler, Antonio Gómez R., Vicente Morales, A. X. Peña, Xavier Gómez, H. Guevara, Mario Chávez Marión, Martín Alvarado, José Brisbiesca, and Luis Améndolla, as Jesús de la Helguera and Jorge González Camarena—painted the themes of their calendars in a way that revitalized the nation and glorified all of Mexico.

By creating calendar art, the artists knew that although their work would not be valued, it would be seen daily (and never without admira-

La moda de los calendarios, estrictamente para consumo del pueblo, se extiende a partir de la década de 1930, y el contexto es la fantasía: la Fiesta Mexicana, la joven atractivísima con flores en el pelo o un tocado deslumbrante que representa, de modo casi literal, a la juventud de México que es la Patria, que es el ofrecimiento de la Naturaleza, que es la sensualidad que rasga los velos antiguos del pudor (la Malinche se parece a la actriz de Hollywood Anna May Wong, y la princesa maya evoca la suntuosidad de María Montez en la *Arabia Feliz*). Lo fundamental es hacer de México la nación ya convertida en hecho turístico; la nación que se viste de sí misma; la nación que es una pin-up girl; la nación que es dueña de la hacienda y se viste de charra; la nación que se siente distinta porque su hermoso cuerpo exige otra conciencia; la nación que ya es turismo.

En los calendarios se mezclan las fantasías de Hollywood y las leyendas de México que se transforman con tal de proponerse como temas de películas, a partir de la serie de imágenes culminantes. Y los artistas—Eduardo Cataño, Jaime Sadurní, Armando Drechsler, Antonio Gómez R., Vicente Morales, A. X. Peña, Xavier Gómez, H. Guevara, Mario Chávez Marión, Martín Alvarado, José Bribiesca, Luis Améndolla y los clásicos Jesús de la Helguera y Jorge González Camarena—vienen de estudios académicos en los que nunca han creído por completo, de trabajos compulsivos a contrarreloj del gusto por revestir a la Patria.

Al destinar su obra a los calendarios, los artistas saben que su trabajo no será valorado pero sí visto a diario, (y nunca sin admiración) por las decenas o centenas de miles de personas que pasan por el comercio o el taller de automóviles o el departamento o la panadería o . . . El calendario es la

tion) by the tens or hundreds or thousands of persons who passed by businesses, mechanic's shops, cantinas, or bakeries. The calendar is the most ubiquitous form of advertising in the life of village shopkeepers and professional service providers. As a mass phenomenon, it is undoubtedly the most noticed and least recognized of visual gifts.

In savoring these delightful images, which appear in *Mexican Calendar Girls,* researcher and collector Angela Villalba has achieved something extraordinary. She has demonstrated the richness of those things not often carefully observed nor accurately committed to memory. Her book is an entertaining and useful contribution—a tool for observing the process of Americanization of the Mexican national identity. She recognizes those works that require symbols to exist without rigidity—these iconic figures become distinct in some way (an unchanging tradition is simply a novelty). The person who does not enjoy kitsch and its equivalents will arrive, in time, to the art form with a solemn attitude—exactly the way to miss out on its wonderment, that feeling that melds joy and the contemplation of beauty wherever it may be found.

institución más presente en la vida de las ofertas a bajo precio y los servicios urgentes, y es el regalo visual más advertido y menos reconocido en su dimensión de masas.

Al recopilar las imágenes de *Mexican Calendar Girls,* la investigadora y coleccionista Angela Villalba ha realizado un trabajo extraordinario, y ha demostrado la riqueza de lo que no se observa con cuidado y se memoriza con puntualidad. Su libro es una contribución divertida y muy útil observar el proceso de la americanización, y tomar nota de los trabajos que obligan a los símbolos a serlo sin rigidez, y a las figuras típicas a cambiar al grado de ser distintas en alguna medida. (La tradición que no cambia se vuelve sólo novedad). Lo sabe y lo transmite: el que no goza con el kitsch y sus equivalentes, llegará al arte, cuando le toque hacerlo, con actitud solemne, el método exacto para no conocer el asombro, esa actitud consubstancial a la alegría y la contemplación de la belleza, en donde se encuentre.

THE CALENDAR ON THE WALL

From the time of the sacred ceremonial timekeeping stones of the Aztecs, calendars have long held special meaning for and borne unique witness to the lives of the Mexican people. Calendars proudly hung on the adobe walls of Mexican homes saw an end to Porfirio Díaz's long dictatorship in 1911, and the end of the Mexican Revolution in 1920. Calendars quietly marked time as Mexicans increased their level of education and standard of living while struggling with rural land reform, new political parties, and industrialization. In the 1930s, rural populations began to shift and the cities of Guadalajara, Monterrey, and Mexico City began to swell. A new consumer class was created, and the vivid advertisements in calendars enticed people to buy domestic products like soda pop, chocolates, cigarettes, beer, and tequila, as well as imported items such as radios, tires, lightbulbs, and Coca-Cola from the United States. Calendar art reflected the people's optimism about modernization, and it also supported the popular nationalistic campaign to redefine Mexico according to her pre-Conquest roots and ethnic traditions.

The adored calendar girl images are part of the Mexican memory. Their beauty reminds us of a time when Mexico was more isolated and each region had its own unique identity and traditions. Calendar advertising encouraged Mexicans in all regions to believe that they too could obtain a higher standard of living and afford many of the amenities of the upper class. The graphic design of the calendars depicted familiar traditional themes and glorified them in an artistic manner, in order to persuade future

EL CALENDARIO EN LA PARED

Desde la época de los calendarios ceremoniales de piedra de los aztecas, los calendarios han tenido siempre un significado especial para los mexicanos y han servido de testigos singulares de sus vidas. Los calendarios colgados con orgullo en las paredes de adobe de los hogares mexicanos vieron el final de la larga dictadura de Porfirio Díaz en 1911 y el de la Revolución Mexicana en 1920. Los calendarios marcaron en silencio el paso del tiempo mientras los mexicanos adquirieron un mayor nivel educativo y un nivel de vida más alto a la vez que luchaban con la reforma agraria, nuevos partidos políticos y la industrialización. En la década de 1930, la población rural comenzó a emigrar y las ciudades de Guadalajara, Monterrey, y México comenzaron a expandirse. Se creó

una nueva clase de consumidores, y los vívidos anuncios de los calendarios tentaban a la gente a comprar productos domésticos como refrescos, chocolates, cigarrillos, cerveza y tequila, así como artículos de importación tales como radios, llantas, bombillos y Coca-Cola traídos de los Estados Unidos. El arte de los calendarios reflejaba el optimismo del pueblo acerca de la modernización y apoyaba también la popular campaña nacionalista para redefinir a México según sus raíces y tradiciones étnicas precolombinas.

Las adoradas imágenes de chicas en los calendarios son parte de la memoria mexicana. Su belleza nos recuerda un tiempo en que México se hallaba más aislado y cada región poseía su propia identidad

INTRODUCTION
introducción

consumers to buy items they had previously not thought of as necessities. Wall calendars faithfully marked births, deaths, festivals, and phases of the moon, but they were also the vehicle that brought this new advertising art form into every corner of Mexico—into the homes, offices, and hearts of the Mexican people.

CASA VICTOR PROMOTIONAL CALENDAR
Calendario de promoción de Casa Víctor
1945, Collection of Victor Fosado

For approximately three decades, from 1930 to 1960, a small number of talented portrait painters, working for a few Mexican printing companies, produced thousands of Mexican calendar girl images on canvases that were then photographed for chromolithography printing presses. Most of these painters worked in virtual anonymity—illustration and commercial graphic design were not respected as "real" art worthy of recognition in exhibitions or gallery shows.

The images in this book have been compiled from my collection of more than 250 calendars, as well as original calendars and paintings from the collections of the Museo Soumaya, Litografia Latina, and Galas de México. When viewed together, the calendar art herein gives us a look at Mexican popular culture in the first part of

y sus tradiciones particulares. Los anuncios en los calendarios animaban a los mexicanos de todas las regiones a creer que ellos también podían lograr un nivel de vida más elevado y permitirse muchas de los lujos de la clase alta. El diseño gráfico de los calendarios utilizaba temas tradicionales familiares y los glorificaba de un modo artístico con el objetivo de persuadir a los consumidores futuros a comprar artículos que anteriormente no les habían parecido imprescindibles. Los calendarios de pared llevaban fielmente la cuenta de los nacimientos, las muertes, las festividades y las fases de la luna, pero fueron además el vehículo que trajó esta nueva forma de arte propagandístico a todos los rincones de México—a los hogares, oficinas y corazones de los mexicanos.

PINTORES DESCONOCIDOS

Durante aproximadamente tres décadas, de 1930 a 1960, un pequeño número de talentosos retratistas que trabajaban para unas pocas compañías impresoras mexicanas produjeron miles de imágenes de chicas de calendario sobre lienzos que luego serían fotografiados para las prensas de cromolitografía. La mayoría de estos pintores trabajaron en un virtual anonimato—la ilustración y el diseño gráfico comercial no eran respetados como arte "real," digno de reconocimiento en exposiciones o galerías de pintura.

Las imágenes de este libro han sido compiladas de entre los más de 250 calendarios que forman la mi colección, así como de los calendarios y pinturas originales de las colecciones del Museo Soumaya, de Litografía Latina y de Galas de México. Visto en su conjunto, el arte de los calendarios nos permite aquí una mirada a la cultura popular mexicana en la primera mitad del siglo XX. Pero,

the twentieth century. But, more important, my aim is to give credit to the brilliant artists who created these images, and to share the artists' personal histories, so that people will be able to identify their work and understand the stories behind it. It is time for these extraordinary artists to take their place among the other great Mexican artists of the period.

PUEBLA, 1938

To get a sense of the Mexican calendar in its natural habitat and context, let's journey back to 1938, to the Mexican city of Puebla. A beautiful colonial capital, the city lies just south of the legendary volcanoes Popocatépetl and Iztaccíhuatl, and about a day's drive southeast of Mexico City.

Puebla is an elegant, sophisticated city with a strong French flavor. Strolling through its streets, you'll glimpse intricate cast-iron balconies, Art Deco stained-glass arcade ceilings, and colorful *talavera*-tiled building facades. Puebla has hundreds of stone Catholic churches filled with Virgins covered with *milagros* (charms that call for divine assistance), flickering candles, and devout old ladies with black lace scarves over their heads. It's a city that loves its sweets. There are dozens of fancy, pre-Revolution *dulcerías*, candy shops filled with trays of artfully arranged *camotes*, *alegrías*, and *tortas de pepitas*. Candy makers also make beautiful, fragile wax dolls, modeled after the fancy French porcelain dolls imported by the rich *Criollos* for their little girls.

The Poblanos who can afford them have their own bulky wooden radios. Live radio shows and soap operas are popular, both in the city and in the surrounding rural villages. Young women, accompanied by their gold-toothed, guitar-toting *padrinos* (godfathers), appear live on local radio shows singing ballads, rancheros, or *corridos*

lo que es más importante, mi objetivo es el de dar crédito a los brillantes artistas que crearon estas imágenes y narrar sus historias personales, de modo que la gente pueda identificar su trabajo y comprender las historias que encierra. Es hora de que estos extraordinarios artistas ocupen su lugar entre los otros grandes artistas mexicanos de este período.

PUEBLA, 1938

Para hacernos una idea del calendario mexicano en su hábitat y contexto naturales, remontémonos al pasado, hacia 1938, a la ciudad mexicana de Puebla. Esta hermosa capital colonial se halla situada justo al sur de los legendarios volcanes Popocatépetl e Ixtaccíhuatl, y a más o menos una jornada de viaje al sudeste de la Ciudad de México.

Puebla es una ciudad elegante y sofisticada con un fuerte sabor francés. Al caminar por sus calles, podrá observarse elaborados balcones de hierro forjado, techos de vidrio de estilo Art Deco y coloridas fachadas de azulejos de Talavera. Puebla posee cientos de iglesias católicas de piedra, repletas de vírgenes cubiertas de milagros (adornos que imploran la ayuda divina), velas chisporroteantes y devotas ancianas con mantillas de encaje negro sobre sus cabezas. Es una ciudad que adora los dulces. Hay docenas de finas dulcerías construidas antes de la Revolución, tiendas de golosinas llenas de bandejas de camotes, alegrías y tortas de pepitas artísticamente dispuestas. Los dulceros también fabrican

(popular songs of the Revolution). Commercial advertising jingles and sponsored programming now float over the airwaves, urging Mexicans to buy tooth polish, hair tonic, soap, and American automobiles.

Talking movies are all the rage. *La Zandunga,* a musical starring Lupe Vélez, is playing at the elegant new movie theater near the *zócolo,* featuring a huge cast of Oaxacan Indian women dressed in traditional embroidered dresses. Vélez has had a grand influence on the beauty and style of the modern woman, just as María Félix, Dolores del Río, and Silvia Pinal would in years to come. Although the typical Mexican woman is religious and devoted to her family, her self-image is changing rapidly, in part due to the influence of ideas and advertisements coming from Europe, Cuba, and the United States. French, Cuban, and American magazines have made their way to Mexico and are popular with the *Criollo* and upper-class Mexicans. These magazines have done much to whet the desire for foreign consumer goods and have made anything European seem highly appealing. They also have influenced the concepts of style and prestige in Mexico—in both its fashions and its culture. Despite all of this European influence, which shows itself quite plainly in the calendar girl images, Mexican advertising themes continue to herald the country's national identity and regional customs.

Today is Market Day, a few days after Christmas. A mother and her *sirvienta* are walking downtown, toting their woven shopping bags. They stop briefly at the stalls near the market to buy candles, coffee, fresh cheese, and a bottle of brandy. Next they visit a street vendor to buy

LA SANDUNGA
La Sandunga
Artist and publisher unknown/Artista y impresor desconocido, 1935

muñecas de cera bellas y frágiles, siguiendo el modelo de las finas muñecas de porcelana francesa que importaban los criollos ricos para sus hijas pequeñas.

Los poblanos que pueden permitírselo son dueños de grandes radios de madera. Los programas de radio en vivo y las novelas radiales son populares, tanto en la ciudad como en los pueblos de campo aledaños. Las jóvenes, acompañadas por sus padrinos de diente de oro y guitarra en mano, aparecen en vivo en los programas de radio locales cantando baladas, rancheras o corridos (canciones populares de la Revolución). Anuncios musicales comerciales y programas patrocinados flotan ahora en las ondas radiales, urgiendo a los mexicanos a comprar pasta dentífrica, tónicos para el cabello, jabón y automóviles estadounidenses.

Las películas sonoras son la última moda. La Sandunga, una película musical con Lupe Vélez, está siendo exhibida en el elegante teatro nuevo cerca del zócolo y muestra un enorme reparto de indias de Oaxaca con sus tradicionales vestidos bordados. Vélez ha tenido una inmensa influencia en la belleza y el estilo de la mujer moderna, tanta como tendrían María Félix, Dolores del Río, y Silvia Pinal en los años futuros. Aunque la mujer mexicana típica es religiosa y se consagra a su familia, su imagen de sí misma cambia rápidamente, debido en parte a la influencia de las ideas y anuncios provenientes de Europa, Cuba y los Estados Unidos. Las revistas francesas, cubanas y estadounidenses han llegado a México y son populares entre los mexicanos criollos y de clase alta. Estas revistas han estimulado considerablemente el apetito por mercancías extranjeras y han hecho parecer todo lo europeo altamente deseable. Asimismo, han influenciado los conceptos de estilo y prestigio en México—tanto en sus modas como en su cultura. A pesar de toda esta influencia

an assortment of women's fashion magazines. When they arrive at the open-air market, they purchase fresh jicama, oranges, pomegranates, and several kilos of dried chile. The aroma of ground chocolate and cinnamon hangs heavily in the air as shoppers stand in line at the *molinos,* waiting to get their almonds and cacao ground into chocolate *mole* paste. The women join the line since they need *mole* for their New Year's Eve tamales—plus, the pinup calendar for the coming year, which the *molinos* give to their customers, is particularly good this year. "Feliz Año" greetings are exchanged with their favorite vendors, who stand in their stalls behind mounds of produce. By the time the shoppers return from the market, vendors will have given them several 1939 calendars called *aguinaldos*— another name for "New Year's gifts."

The family's favorite calendar will hang in the living room; the others will hang in the kitchen or a bedroom or be given to the household help. As the years pass, the family will collect a variety of beautiful Mexican calendars, each with a single image, all stacked on a nail: romantic landscapes, sexy girls in regional dress, fiestas, horses, ranches with cowgirls in high heels, and probably several Virgins of Guadalupe. These calendars have been assembled with the assumption that they will be thrown away after the year is finished and that a new one will then take its place. But the images are often so evocative and meaningful, and they evoke such a feeling of nationalism, that some families simply cut off the date pad and save the calendar art, proudly displaying it in the family home. This popular advertising art will later be recognized as a nostalgic snapshot of the early twentieth century, a time when Mexico was full of hope and expectation for a modern future.

europea, que se evidencia directamente en las imágenes de los calendarios de chicas, los temas de anuncios mexicanos continúan siendo abanderados de la identidad nacional y las costumbres regionales del país.

Hoy es día de mercado, unos pocos días después de la Navidad. Una madre y su sirvienta caminan por el centro comercial de la ciudad, acarreando sus bolsas tejidas para las compras. Se detienen brevemente en los puestos cerca del mercado para comprar velas, café, queso fresco y una botella de brandy. A continuación, visitan a un vendedor callejero para comprar todo un surtido de revistas de modas femeninas. Cuando llegan al mercado al aire libre, compran jícama, naranjas y granadas frescas y varios kilogramos de chile seco. Un denso aroma de chocolate y canela

molidos llena el aire mientras los compradores hacen línea en los molinos, esperando para convertir sus almendras y su cacao en pasta de mole de chocolate. Las mujeres se unen a la línea, puesto que necesitan mole para sus tamales de vísperas de Año Nuevo—además, el calendario de pared del próximo año, que los molinos regalan a sus clientes, es particularmente bueno este año. Intercambian saludos de "Feliz Año Nuevo" con sus vendedores favoritos, de pie en sus puestos tras montañas de legumbres. Cuando llegue el momento en que las compradoras regresen del mercado, los vendedores les habrán regalado varios calendarios de 1939 llamados aguinaldos— nombre dado a los regalos de Año Nuevo.

El calendario favorito de la familia será colgado en la sala; los otros colgarán en la cocina o el dormitorio o serán regalados a la servidumbre. A medida que pasan los

TYPES OF CALENDARS

There were two basic kinds of calendars: the "exclusive" calendar and the "line" calendar. Large, prosperous companies that sold cigarettes, tequila, soda pop, lightbulbs, rifles, tractors, and soap commissioned exclusive calendars. The most-sought-after artists were then hired to paint the company's annual calendar, and no other company would be permitted to use those images. A pretty calendar girl might be holding a bottle of beer or a cigarette in order to meet the contract requirements of an exclusive client. The client would commission an exclusive calendar through the calendar publishing companies, who would negotiate a deal with the painter. For example, Jaime Sadurní was the exclusive artist for the Tequila Cuervo calendars in the late 1950s, when the company needed a new and trendy image. Liquor and cigarette companies fueled the creation of new ideas on the part of the calendar painters by demanding exciting illustration art—all in the interest of presenting their products as cutting edge, popular, modern, and chic. Once they were printed and delivered to the parent company, exclusive calendars were then sent to the small-town distributors to give as gifts to their best customers. A beer company might order two hundred thousand calendars from the printing company and, in turn, send one hundred and fifty of them to a village cantina for distribution. Sometimes the cantina owner received these calendars for free, and other times he had to contribute a small percentage of the production costs.

Line calendars were more common. The Mexican calendar companies employed dozens of salesmen, paid on commission, who roamed the countryside making "cold calls" and visiting the small grocery stores, mortuaries, automobile

---

años, amontonarán una variada colección de hermosos calendarios mexicanos, cada uno con una sola imagen, todos amontonados en un clavo: paisajes románticos, chicas provocativas en trajes regionales, fiestas, caballos, ranchos con vaqueras en tacones altos y, probablemente, varias Vírgenes de Guadalupe. Estos calendarios han sido acumulados asumiendo que serán tirados al terminar el año y que uno nuevo ocupará su lugar. Pero las imágenes suelen ser tan evocativas y cargadas de significado, y evocan un sentimiento nacionalista tal, que algunas familias simplemente recortan la parte de las fechas y guardan las imágenes de los calendarios para mostrarlas orgullosamente en el hogar familiar. Este arte popular de anuncios será reconocido más tarde como una instantánea nostálgica de los comienzos del siglo XX, una época en que México estaba lleno de esperanza y de expectativas por un futuro moderno.

TIPOS DE CALENDARIOS

Había dos tipos básicos de calendarios: el calendario "exclusivo" y el calendario "en serie." Las compañías grandes y prósperas que vendían cigarrillos, tequila, refrescos, bombillos, rifles, tractores y jabón encargaban calendarios exclusivos. Se contrataba a los artistas más buscados para que pinten el calendario anual de la compañía, y no se permitía que ninguna otra compañía usara esas imágenes. Una linda chica de calendario podía sujetar una botella de cerveza o un cigarrillo para cumplir con los requisitos del contrato de un cliente exclusivo. El cliente encargaba su calendario exclusivo a través de las compañías impresoras de calendarios, quienes a su vez negociaban con el pintor. Por ejemplo, Jaime Sadurní fue el artista exclusivo de los calendarios de Tequila

dealerships, and feed stores. Salesmen brought with them sample cases filled with hundreds of line calendar images for customers to choose from. Sample line calendars were not brand specific and did not have a product painted into the artwork. Once a customer chose an image, the salesman would send the order to the home office, where the calendar would be printed with the customer's business name, address, and phone number, along with perhaps a catchy tag line between the picture and the date pad. The custom-printed calendars were delivered to the customer in early December. One memorable line calendar painted by Jaime Sadurní depicted a happy nun in a big starched habit talking to a child. One company chose this image to promote its dried pasta, and another company used the same image to sell rat bait!

Most calendars came in five sizes, the smallest two being the most popular. From the late 1930s to the late 1940s, the smallest line calendar, sold in quantities of one hundred, cost approximately 40 centavos, and the next size up cost 1 peso plus 10 centavos. It was common for a small-town shop to order one hundred to three hundred calendars each year.

PARTS OF A CALENDAR

As is the case in any specialized business endeavor, technical terms are used to describe the various elements of the calendar and its creation process. The picture on a calendar is called the *chromo;* the little round hole is known as the *colgante* (hanger). The blank space below the chromo, where a company's advertising information would be printed, is called the *faldilla* (skirt). The date pad, called a *santoral,* is stapled onto the bottom of the *faldilla.* It was popular to print the name of the official Catholic saint

Cuervo a fines de la década de 1950, cuando la compañía necesitó una nueva imagen, más a la moda. Las compañías licoreras y de cigarrillos estimulaban la creación de ideas nuevas por parte de los pintores de calendarios por medio de la demanda de ilustraciones estimulantes—todo con el propósito de presentar sus productos como de última moda, populares, modernos y chic. Una vez que eran impresos y enviados a la compañía madre, los calendarios exclusivos eran enviados a los distribuidores de los pueblos pequeños para que los entregaran como regalos a sus mejores clientes. Una compañía productora de cerveza podía ordenar doscientos mil calendarios a la compañía impresora y luego, a su vez, enviar ciento cincuenta de los mismos a una cantina de pueblo para su distribución. En ocasiones el dueño de la cantina recibía estos calendarios gratis, y en otras se requería que pagase un porcentaje pequeño de los precios de producción.

Los calendarios en serie eran más comunes. Las compañías mexicanas de calendarios empleaban a docenas de viajantes, pagados por comisión, que viajaban por el campo haciendo "visitas en frío" y pasando por las pequeñas tiendas de abarrotes, las funerarias, las agencias de automóviles y las tiendas de forraje. Los vendedores traían consigo cajas de muestras llenas de cientos de imágenes de calendario en serie entre las cuales sus clientes podían elegir. Las muestras de calendarios en serie no anunciaban marcas particulares y no tenían producto alguno pintado en la ilustración. Una vez que un cliente elegía una imagen, el vendedor enviaba la orden a la oficina central, donde se imprimía el calendario con el nombre, la dirección y el teléfono de la empresa del cliente y tal vez un eslogan ocurrente entre la imagen y la parte de las fechas. Los calendarios impresos a la orden eran enviados al cliente a principios de diciembre. Un memorable calendario en serie pintado por

below each date on the *santoral.* (Village midwives depended on calendars for their listings of saints' days, so they might know how to properly name a child born on a particular day.) An upgraded calendar would have a lightweight metal bar, called a *varilla,* crimped across the top of the calendar. The most prestigious of calendars would have this metal strip across both the top and bottom, making the calendar more durable. Some premium exclusive calendars of the 1950s, usually put out by beer companies, would have multiple pages attached with a spiral wire across the top called an *espiral.*

The chromo, short for chromolithograph, is a color print created by a process that photographs the original painting multiple times with different colored filters, which separates the photo into its component colors. The colored ink is then printed, one color at a time, on paper. A calendar would pass through the printing press a minimum of four times, starting with yellow ink, followed by red, blue, and black. Premium calendars could have up to eleven ink colors.

THE ARTIST'S PROCESS

The Mexican calendar artists worked in large art studios, each artist with his own wooden easel and workspace. The early artists painted on large-format canvases, measuring up to ten feet in width, in order to accommodate the huge cameras that were in use at the time. After World War II, dramatic improvements in commercial cameras allowed the artists to begin painting in smaller formats—by as much as 75 percent—which also significantly reduced the time required to create a calendar painting.

The painters of the late 1930s tended to work in oils, but in later years many media were used to create distinctive styles: watercolors, gouache,

Jaime Sadurní mostraba a una monja feliz en un gran hábito almidonado, hablando con un niño. Una compañía escogió esta imagen para promover sus macarrones secos y otra utilizó la misma imagen para vender ¡veneno para ratas!

La mayoría de los calendarios venían en cinco tamaños, de los cuales los dos menores eran los más populares. Entre fines de la década del 1930 hasta los finales de la de 1940, el calendario en serie más pequeño, vendido en cantidades de a cien, costaba aproximadamente 40 centavos, y el tamaño siguiente costaba 1 peso y 10 centavos. Era común que una tienda de un pueblo pequeño ordenase todos los años entre cien y trescientos calendarios.

PARTES DE UN CALENDARIO

Como en toda práctica de negocios especializados, se usan términos técnicos para describir los diferentes elementos de un calendario y su proceso de creación. La imagen del calendario se llama el "cromo;" el pequeño agujero redondo se conoce como el "colgante." El espacio en blanco debajo del cromo, donde se imprimiría la información de anuncio de una compañía, se llama la "faldilla." La parte de las fechas, llamada "santoral," se engrapa a la parte inferior de la faldilla. Era popular imprimir el nombre del santo católico oficial debajo de cada fecha en el santoral. (Las comadronas del pueblo dependían en de los calendarios para sus listas de los días de los santos, de modo que podían saber cómo bautizar apropiadamente a un niño nacido un día determinado.) Un calendario mejorado presentaba una ligera barra de metal, llamada "varilla," ensertada a lo ancho de la parte superior del calendario. Los calendarios más prestigiosos podían tener estas varillas de

and pastels. Many painters did use high-grade, imported English paints, since vibrant color was of great importance. However, the artists did not aspire to create works of fine art that would last throughout the ages; canvases only needed to survive until the photograph was taken for the color separations. For this reason, many painters didn't bother to prepare their canvases with undercoating. This also explains why they might reuse canvases, paint on the back sides, and even paint on scrap wood. As a result, many original oil paintings did not survive. Many of the paintings that did survive suffer from peeling and cracking, and some have undergone major restoration.

A PAINTED SNAPSHOT

Artists such as A. X. Peña, Antonio Gómez R., Xavier Gómez, and Eduardo Cataño painted with such accuracy in the details of everyday items that they chronicled the lives of people in geographically isolated regions of Mexico. These artists, working from photos, were able to achieve a nearly photographic realism in their paintings. They rendered with such detail the woven serapes, braided palm sombreros, hand-tooled leather horse tack, painted pottery, tiles, gourd bowls, wooden boats, stone sculpture, and architecture that one can identify the regional differences just by looking at the backgrounds and props. For example, the color, style, adornment, handles, and shape of handmade *ollas, cántaros, cazuelas,* and *comales*—pottery used as everyday kitchenware—differed from one region to another. These distinguishing characteristics were captured by photographers and then translated onto paintings by the artists.

Antonio Gómez R. was a master of this technique. He was able to capture with exquisite

metal tanto en la parte superior como en la inferior, haciendo más duradero el calendario. Algunos calendarios exclusivos de lujo de la década de 1950, usualmente de compañías cerveceras, tenían múltiples páginas unidas con un cable retorcido llamado una "espiral."

El cromo, abreviatura de cromolitografía, es una impresión del color creada por medio de un proceso en que se fotografía la pintura original múltiples veces con filtros de diferentes colores para separar la foto en los colores que la componen. La tinta de color se imprime entonces, un color cada vez, sobre el papel. El calendario podía pasar por la imprenta un mínimo de cuatro veces, comenzando por la tinta amarilla y luego la roja, la azul y la negra. Los calendarios de lujo podían tener hasta once colores de tinta.

1936 GALAS RAIL CAMERA USED TO PHOTOGRAPH LARGE FORMAT PAINTINGS TO CREATE COLOR SEPARATION PLATES
1936 Cámara de Galas de México sobre rieles usada para fotografiar pinturas de formato grande y crear placas de separación de colores

EL PROCESO DEL ARTISTA

Los artistas de los calendarios mexicanos trabajaban en un gran estudio de pintura, cada uno con su propio espacio y su caballete de madera. Los artistas pintaban al principio en lienzos de formato grande, de hasta diez pies de ancho, para adaptarse a las enormes cámaras usadas en la época. Después de la Segunda Guerra Mundial, las dramáticas innovaciones en las cámaras comerciales permitieron a los artistas que comenzaran a pintar en formatos más pequeños—tanto como un 75 por ciento—lo cual también redujo significativamente el tiempo necesario para crear una pintura de calendario.

Los pintores de fines de la década de 1930 tendían a trabajar al óleo, pero en años posteriores se usaron muchos medios para crear estilos distintivos: acuarelas, aguadas, *gouache* y pinturas al

detail the fine stitchery of a cross-point blouse, the pleated skirt, or the distinctive braids of an Indian woman. His Jalisco cowgirls can be identified by their embroidered sombreros, layered skirts, and silver necklaces. Eduardo Cataño painted Tehuanas wearing elaborately embroidered velvet skirts and carrying their decorated gourd containers, called *xicalpestles*. Premier portrait painter Armando Drechsler made Aztec jade necklaces and headdresses look real, and he painted the sequined skirts of *china poblanas* so convincingly that they sparkled. These magnificent calendar painters not only captured realistic details in the scenes but also painted the calendar girls as enticing, seductive, and alluring.

Even though most of the calendar girls display their Mexicanism through their outfits, poses, or props, they are still fantasy girls who often look European or North American, with their cosmopolitan hairstyles, light complexions, and long legs. Mexico's turn-of-the-century ideal of feminine beauty remains virtually unchanged today: fair skin, wide eyes, high cheekbones, and a Spanish or Argentinean appearance. This ideal of beauty may have arrived in the sixteenth century with the Catholic Church, which introduced images of the beautiful, white Virgin Mary. (Most chromos of the Virgin of Guadalupe, Mexico's patron saint, portray her as a light-skinned young woman.) Whatever the origins of this feminine ideal, many of the calendar girls resemble either Mexican or Hollywood movie stars. And, of course, as the fashions and hairstyles of popular movie stars changed, so did those of the calendar girls. One can frequently gauge the approximate year of a calendar by these details. What did not change over time was the glamour of the

POBLANA CON XICALPESTLE
Poblana with Xicalpestle
Antonio Gómez R., 1935
Collection of
Litografía Latina

pastel. Muchos pintores usaban pinturas de gran calidad, importadas de Inglaterra, ya que la vividez de los colores era de gran importancia. No obstante, los artistas no aspiraban a crear obras de arte sublime que durarían para siempre; los lienzos solamente tenían que sobrevivir hasta que se tomasen las fotografías para la separación de colores. Por este motivo, muchos pintores no se molestaban con preparar sus lienzos con capas preliminares. Esto explica también por qué podían usar un mismo lienzo una y otra vez, pintar en el lado posterior del mismo e incluso en tablas de desecho. A consecuencia de esto, muchas pinturas al óleo originales no sobrevivieron. Muchas de las pinturas que sobrevivieron presentan grietas y peladuras, y algunas han tenido que ser completamente restauradas.

MILAGRO DE TEPEYAC
Miracle in Tepeyac
Lego (Jorge González Camarena), 1946
Galas de México

UNA INSTANTÁNEA PINTADA

Artistas tales como A. X. Peña, Antonio Gómez R., Xavier Gómez y Eduardo Cataño pintaban con tal exactitud los detalles de los objetos cotidianos que servían como cronistas de las vidas de la gente en regiones de México geográficamente aisladas. Estos artistas, trabajando a partir de fotos, pudieron lograr en sus pinturas un realismo casi fotográfico. Ellos reproducían con tal lujo de detalles los sarapes tejidos, los sombreros tejidos de hoja de palma, los arreos de cuero labrado a mano de los caballos, las cerámicas pintadas, los azulejos, las jícaras, los botes de madera, las estatuas de piedra y la arquitectura que uno puede identificar las diferencias regionales del con sólo mirar el fondo y los objetos. Por ejemplo, el color, el estilo, la ornamentación, las asas y hasta la forma

subjects—they are all relaxed, unfettered, and gorgeous. Whether the painter created a masa-grinding mother, a rifle-toting *soldadera,* or a cowgirl out at the ranch, he would always render her with a perfect hairdo, fashionable earrings, and high heels.

Calendar artists frequently used other plant employees as models. A secretary might be called into the painters' studio to pose in a traditional Indian costume, carrying a basket or a plastic baby doll in a *rebozo.* A printing press attendant might be summoned to slip on a *charro* costume and mount a big wooden box as if it were a bucking bronco. A painter would make a sketch of the employee model, a photographer would photograph her (or him) for shadow and position, and then the artist would create his painting, using the sketches and photographs as references.

Calendar production required teamwork, and, like the other plant employees, the artists utilized a range of skills besides painting. Because they often had to supervise the ink mixers to ensure that the chromolithography would result in the correct color, painters needed to have some degree of technical knowledge to ensure beautiful calendar prints.

POST-REVOLUTIONARY NATIONALISM

In keeping with its depiction of regional customs, traditions, and clothing, calendar art of the 1930s borrowed heavily from the post-Revolutionary nationalistic art style called *Mexicanidad.* This artistic interpretation of Mexican culture was intended to bring attention to the country's indigenous, pre-Conquest roots. Popular calendars depicted women as

de las ollas, cántaros, cazuelas y comales—cerámica usada a diario en la cocina—difieren de una región a otra. Estas características distintivas fueron capturadas por fotógrafos y luego traducidas a la pintura por los artistas.

Antonio Gómez R. fue un maestro de esta técnica. Podía capturar en exquisito detalle el fino trabajo de aguja de una blusa bordada, la falda plisada o las trenzas distintivas de una india. Se puede identificar sus vaqueras de Jalisco por sus sombreros bordados, sus faldas de muchos vuelos y sus collares de plata. Eduardo Cataño pintaba tehuanas que vestían faldas de terciopelo elaboradamente bordadas y portaban sus típicas vasijas de jícara, llamadas xicalpestles. El gran retratista Armando Drechsler hacía parecer reales los collares y diademas aztecas de jade, y pintaba las faldas cubiertas de lentejuelas de las chinas poblanas con tal poder de convicción que las hacían centellear. Estos magníficos pintores de calendario no solamente capturaban el realismo de los detalles en sus escenas, sino que también pintaban a las chicas de calendario como tentadoras, seductoras, hechiceras.

Aunque la mayoría de las chicas de calendario muestran su mexicanismo a través de su atuendo, poses o objetos, son aun así chicas de fantasía que a menudo parecen europeas o estadounidenses, con sus peinados cosmopolitas, su piel clara y sus piernas largas. El ideal de belleza de México en el nuevo siglo permanece igual: piel clara, ojos separados, pómulos altos y una apariencia española o argentina. Este ideal de belleza puede haber arribado en el siglo XVI con la iglesia católica, que introdujo las imágenes de la bella y blanca Virgen María. (La mayoría de los cromos de la Virgen de Guadalupe, la santa patrona de México, la retratan como una joven de piel clara.) Sea cual fuere

Aztec princesses in front of sacred ruins or participating in ancient native rituals. *Mexicanidad* drew from the romantic legends of old Mexico; this romanticism is apparent in scenes showing beautiful señoritas with long black braids and landscapes dotted with agaves, burros, a snow-capped volcano, or perhaps a group of dark, handsome men in sombreros singing a heart-felt serenade. Women were glorified as *adelitas* and *soldaderas* in the Mexican Revolution and painted as the sexy, confident equals of men. (The terms *adelitas* and *soldaderas* describe women who played an extremely important part in the Revolution, working as soldiers, strategists, spies, and nurses, and also providing food, water, and other services to the troops.) All of these are classic images that Mexico painted of herself and advertised to the world through art, murals, film, and literature.

During the presidency of Alvaro Obregón (1920–1924), politicians and social engineers of the Revolution sought to create concepts to unite the people of Mexico. The country had found itself disjointed—with more than one hundred ethnic groups and many languages in use. The idea of a national identity was championed by José Vasconcelos, the new minister of public education. His ambitious educational campaign included the creation of national rural kindergartens, primary and secondary schools, libraries, school book publication, and teacher training programs. Vasconcelos thought it important to teach every school child in every corner of Mexico the new national dance, the Jalisco *Jarabe Tapatío*, to promote unity and nationalism. (This quickly became one of the most popular calendar images in

COGNAC EAGLE
1886–1919
Collection of Litografía Latina

el origen de este ideal femenino, muchas de las chicas de calendario se parecen a las estrellas de cine de México o Hollywood. Y, por supuesto, a medida que cambiaban las modas y peinados de las populares estrellas de cine, cambiaron los de los calendarios de chicas. Con frecuencia uno puede calcular el año aproximado de un calendario a través de estos detalles. Lo que no cambió con el tiempo fue el *glamour* de las modelos—todas parecen relajadas, liberadas y bellísimas. Ya sea que el pintor cree a una madre amasando harina, una soldadera armada de rifle o una vaquera en su rancho, siempre la retrataba con un peinado impecable, pendientes de moda y tacones altos.

Los artistas de calendario usaban con frecuencia como modelos a otros empleados de la planta. Se podía llamar a una secretaria al estudio del artista para que posase en traje tradicional, cargando un cesto o una muñeca de plástico en un rebozo. Un asistente de imprenta podía ser convocado para vestirse de charro y montar un cajón de madera como si fuese un caballo rebelde. El pintor hacía un boceto de la empleada, un fotógrafo la fotografiaba para fijar la posición y las sombras, y luego el artista creaba su pintura, usando los bocetos y las fotos como referencia.

La producción de calendarios requería trabajar en equipo, y, como el resto de los empleados de la planta, el artista utilizaba toda una gama de destrezas además de pintar. Ya que a menudo tenían que supervisar a los que mezclaban la tinta para asegurar

GALAS EMPLOYEE POSING FOR CALENDAR PAINTER
Empleada de Galas posando para un pintor de calendario
1940, Collection of Museo Soumaya

history.) He held the philosophy that by creating a broad, inclusive concept of regional elements and ethnic traditions and combining it with the art of the pre-Conquest ancestors, the fragmented country could be united into a single, patriotic Mexico. His job was to help the peasant and the worker realize the goals and benefits of the Mexican Revolution, including property redistribution, increased workers' rights, and better education.

Through the newly funded SEP *(Secretaría de Educación Pública),* Vasconcelos created and funded programs that would allow artists, writers, photographers, and intellectuals to travel to remote regions and record the diverse cultural traditions of the country's many ethnic groups. They visited villages, markets, archeological ruins, and fiestas. They viewed the houses, farms, and daily life of people who spoke indigenous languages. Their observations of the ethnic traditions and customs were then shared with the whole of Mexico through their art and photography. Invaluable photographic records from these investigations were made by Luis Márquez, Álvaro Bravo, Hugo Brehme (a German), and Charles Waite (an American). Vasconcelos funded the first public mural projects in which Diego Rivera, David Siqueiros, and José Clemente Orozco recounted history in public buildings, schools, and universities.

Luis Márquez

Luis Márquez was one of Vasconcelos's intellectuals who traveled to remote villages of central and southern Mexico to photograph their ethnic splendor. He returned to Mexico City with thousands of original photographs of undiscovered Mexico, documenting life in a Mexican village during the early part of the twentieth century. He also amassed a collection

que la cromolitografía tuviese los colores correctos, los pintores necesitaban cierto grado de conocimientos técnicos para asegurar que el calendario estuviese bellamente impreso.

NACIONALISMO POST-REVOLUCIONARIO

En armonía con su descripción de costumbres, tradiciones y trajes regionales, las imágenes de los calendarios de la década de 1930 tomaron mucho del estilo de arte nacionalista post-revolucionario llamado *Mexicanidad.* Esta interpretación artística de la cultura mexicana intentaba dirigir la atención sobre las raíces indígenas, preconquista, del país. Populares calendarios retrataban a las mujeres como princesas aztecas frente a ruinas sagradas o participando en antiguos rituales nativos. La Mexicanidad se nutrió de las románticas leyendas del viejo México; este romanticismo es evidente en escenas que muestran a bellas señoritas de largas trenzas negras y paisajes salpicados con ágaves, burros, un volcán cubierto de nieve o tal vez un grupo de hombres morenos y apuestos en sombreros charros cantando una sentida serenata. Las mujeres eran glorificadas como adelitas y soldaderas en la Revolución mexicana, y pintadas como provocativas y seguras de sí mismas, las iguales de los hombres. (De hecho, las mujeres jugaron un papel extremadamente importante en la Revolución como soldados, estrategas, espías y enfermeras, además de abastecer de alimentos, agua y otros servicios a las tropas.) Todas estas son imágenes clásicas que México pintó de sí mismo y anunció al mundo a través del arte, los murales, el cine y la literatura.

Durante la presidencia de Álvaro Obregón (1920-1924), los arquitectos políticos e ingenieros sociales de la Revolución buscaron crear conceptos que unificaran la gente de México. El país se

of approximately twenty-five hundred region-
ally distinctive handmade dresses and Indian
huipiles (blouses), which were used by painters
as reference materials. Humberto Limón, a calendar artist who worked for Galas de México
in the 1960s, reported that he remembered
painters renting photos from Luis Márquez at
his home in Mexico City. These were used to
create the composition, design, and details of
their oil paintings. Such details included gold-
embroidered sombreros and finely woven striped
serapes worn by the *charra* girls from Jalisco,
the *resplandores* (lace halos) of the Tehuanas who
lived in the matriarchal society of the Isthmus
of Tehuantepec in Oaxaca, and the cotton *huipile*
woven on a back-strap loom to be worn in the
sweltering humidity of the Yucatán. Limón also
remembered that Márquez rented traditional
costumes to the painters for their models to
wear. His invaluable service made it possible

for the artists to achieve a splendid accuracy
without having to leave their studios.

During the 1920s and 1930s, a cultural and
artistic renaissance occurred in Mexico. Art in
all media flourished. While the muralists were
becoming internationally famous, the national
spotlight was focused on the canvas art of Miguel
Covarrubias, Rufino Tamayo, and Frida Kahlo,
all of whom included ethnic details in their
painting. Artists such as the world-renowned

**OAXACAN TEHUANA WOMAN
PHOTOGRAPHED
BY LUIS MÁRQUEZ**
*Tehuana de Oaxaca fotogra-
fiada por Luis Márquez*
1925, Collection of Museo
Soumaya

**OIL PAINTING BY
SALVADOR MONROY USING
LUIS MÁRQUEZ'S
PHOTOGRAPH**
*Pintura al óleo de Salvador
Monroy usando la foto-
grafía de Luis Márquez*
1938, Collection of Museo
Soumaya

había descubierto desconectado—con más de cien grupos étnicos e idiomas en uso. La idea de una
identidad nacional fué enarbolada por José Vasconcelos, el nuevo ministro de educación pública.
Su ambiciosa campaña educacional incluyó la creación de kindergartens, escuelas primarias y
secundarias rurales, bibliotecas, ediciones de libros escolares y programas de formación de maestros. Vasconcelos consideraba importante enseñar en las escuelas a todos los niños en todos los
rincones de México la nueva danza nacional, el Jarabe Tapatío de Jalisco, a fin de promover la unidad
y el nacionalismo. (Esta llegó a ser muy pronto una de las más populares imágenes de calendario de
la historia.) Su idea era que al crear una concepción amplia que diese cabida a los elementos regionales y las tradiciones étnicas, y las combinase con el arte de los ancestros preconquista, podrían así
cohesionar el fragmentado México en un país unido y patriótico. Su trabajo consistía en ayudar al
campesino y al obrero a comprender los objetivos y beneficios de la Revolución mexicana, entre los
cuales se hallaba la redistribución de la propiedad, el aumento de los derechos de los trabajadores y
una mejor educación.

Por medio de la recién fundada SEP (Secretaría de Educación Pública), Vasconcelos creó y
financió programas que permitirían a los artistas, escritores, fotógrafos e intelectuales viajar a
regiones remotas y documentar las diversas tradiciones culturales de los muchos grupos étnicos
del país. Ellos visitaron aldeas, mercados, ruinas arqueológicas y festejos pueblerinos. Observaron
las casas, granjas y la vida cotidiana de la gente que hablaba lenguas indígenas, y luego ofrecieron
sus observaciones de las tradiciones y costumbres étnicas con el resto de México a través de su arte
y sus fotografías. Luis Márquez, Álvaro Bravo, Hugo Brehme (un alemán), y Charles Waite (un

film cinematographer Gabriel Figueroa and the Russian film director Sergei Eisenstein created a concept of Mexico that was distinctive and characteristically stylized. And even though travel to far-off areas of the Republic was not possible for most citizens, they became familiar with regional *costumbres* through Mexican movies, mural art, magazines, comic books, and the popular art of the time, including advertising images. Stereotyped images of subjects such as the peasant sporting a big sombrero and a finely woven serape over his shoulder, horses, and the little donkey standing in front of a cactus were now seen in murals, on magazine covers, and in film.

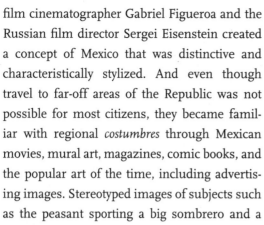

MEXICO CITY STREET VENDOR SELLING CALENDARS
Vendedores callejeros vendiendo calendarios en Ciudad México
1951, Collection of Museo Soumaya

Naturally, the calendar artists of the 1930s seized on the sensuality of *Mexicanidad* and began creating images of shy, beautiful girls filling their water pots at the town's fountain or being serenaded by handsome suitors. Ten years later, these innocent images had evolved into renderings of sexy Revolutionary *soldaderas* in low-cut dresses cleaning their rifles in front of fires, or shapely housewives doing chores in fashionable attire looking unfazed by their hard work. All of these images were used to advertise new products and lend sex appeal to existing products. But despite the quality of the calendar art, when Mexico City's first contemporary art museum opened in 1935 to great fanfare, the art community ignored the voluminous, magnificent work created by the calendar painters.

By the end of the 1930s, the golden age of calendar art had begun. Thousands upon thousands of free advertising calendars were distributed by vendors to their favorite customers and to corner cantinas in every remote village and bustling city of Mexico. While original

estadounidense) dejaron inapreciable constancia fotográfica de estas investigaciones. Vasconcelos financió los primeros proyectos de murales públicos en los que Diego Rivera, David Siqueiros, y José Clemente Orozco volvieron a contar la historia en edificios públicos, escuelas y universidades.

Luis Márquez

Luis Márquez fué uno de los intelectuales de Vasconcelos que se fue a las más remotas aldeas del centro y el sur de México para fotografiar su esplendor autóctono. Regresó a Ciudad México con miles de fotografías originales del México por descubrir, que documentaban la vida en una aldea mexicana durante la primera mitad del siglo XX. Asimismo, amasó una colección de aproximadamente dos mil quinientos vestidos y huipiles indios hechos a mano, típicos de las diferentes regiones, que puso a disposición de los pintores como referencia. Humberto Limón, un artista de calendario que trabajó para Galas de México en la década de 1960, reportó recordar a los pintores alquilando fotos de Luis Márquez en su hogar de Ciudad México. Estas eran usadas para crear la composición, el diseño y los detalles de sus óleos. Estos detalles incluían los sombreros bordados de oro y los magníficos sarapes rayados que vestían las chicas charras de Jalisco, los resplandores es los halos de encaje de las tehuanas que vivían en la sociedad matriarcal del istmo de Tehuantepec en Oaxaca, y los huipiles de algodón tejidos en un telar de cintura, para ser usados en la sofocante humedad de Yucatán. Limón recordaba también que Márquez alquilaba a los pintores trajes tradicionales para sus modelos. Su inapreciable servicio hizo posible a los artistas lograr una maravillosa precisión sin tener que abandonar sus estudios.

artwork could never be afforded by the average Mexican, calendar art was enjoyed and collected by everyone. The artwork became a unifying thread woven into the cultural fabric of Mexican society, connecting both the poor rural villagers and the more affluent Spanish and *Criollo* city dwellers. These calendar images united a country and celebrated the regional diversity that is intrinsically Mexican.

THE CRADLE OF MEXICAN PRINTING

The history of Mexican printing dates from the time of Hernán Cortés. Mexico's printing industry began in the plaza portals of the sixteenth-century plaza in front of Santo Domingo church in Mexico City. Evangelists equipped with handmade quills would act as public writers for people and businesses needing

important documents written—soldiers who might need to send a love letter or merchants requiring shipping documents for exports to Spain. These public writers have evolved over the years, using first pens, then old American typewriters, and finally laser printers—and even after four hundred and fifty years they still gather and perform their duties in the Plaza de Santo Domingo.

Once printing presses began arriving from Europe in the nineteenth century, the portals that had originally served as the smithery and stables for the resident Jesuit friars were transformed into small printing stalls. It was a convenient place to set up shop, since it was located very close to important government buildings. Today, this old stone plaza is dominated by modern, computerized printing shops that specialize in

MAQUINA DE IMPRENTA—C. 1890
Late-nineteenth-century printing press (with original print stones in background/ con las placas de impresión de piedra originales detrás) Collection of Litografia Latina

Durante las décadas de 1920 y 1930, en México ocurrió un renacimiento cultural y artístico. Todas las artes florecieron. Mientras los muralistas se hacían famosos internacionalmente, la atención nacional estaba centrada en los lienzos de Miguel Covarrubias, Rufino Tamayo y Frida Kahlo, todos los cuales incluían detalles étnicos. Artistas como el director de fotografía de renombre mundial Gabriel Figueroa y el director de cine ruso Sergio Eisenstein crearon una concepción de México que era distintiva y característicamente estilizada. Y, aunque viajar a las áreas lejanas de la república era imposible para la mayoría de los ciudadanos, éstos se familiarizaron con las costumbres regionales a través de las películas mexicanas, el arte muralista, las revistas, los libros de historietas y el arte popular de la época, que incluía las imágenes de los anuncios. Imágenes estereotipadas de temas como por ejemplo el campesino con su enorme sombrero y su bien tejido sarape echado sobre un hombro, y el burrito de pie antes una tuna, podían verse ahora en los murales, en las cubiertas de las revistas y en el cine.

Naturalmente, los artistas de calendario de la década de 1930 se agarron en la sensualidad de la Mexicanidad y comenzaron a crear imágenes de muchachas tímidas y hermosas llenando sus cántaros de agua en la fuente del pueblo o recibiendo serenatas de sus apuestos pretendientes. Diez años después, estas inocentes imágenes habían evolucionado hacia provocativas imágenes de soldaderas revolucionarias en vestidos muy escotados, limpiando sus rifles, o bien formadas amas de casa haciendo sus quehaceres en atuendo de moda, sin inmutarse por su duro trabajo. Todas estas imágenes se usaron para anunciar nuevos productos y dar atractivo sexual a los productos existentes. Pero, a pesar de la calidad del arte de los calendarios, cuando el primer museo de arte

quincenera and wedding invitations. If one looks closely, one can find a few old cast-iron printing presses, manufactured in the 1930s in Cleveland, Ohio, which were used to print single-color advertising slogans and addresses on the calendars.

Almanacs

In the early to mid-1800s, Mexico imported much of its printed material, such as books, gifts, and decorative cards, from France and Spain. Printing presses, usually shipped from Germany, were precious imports. Mexico had limited ability to fabricate engravings, block prints, and stone or zinc lithographs. Nevertheless, beginning in the 1840s, printers produced almanacs, predecessors to the giveaway wall calendars of the early twentieth century. Almanacs were domestically printed and sold for a small charge or given away by large companies. Unlike calendars, they contained information

1860 ALMANAC
Almanaque de 1860
Collection of Museo
Soumaya

CALENDARIO CIVICO
MEXICANO
Mexican Civic Calendar
1930, Collection of
Museo Soumaya

contemporáneo de la Ciudad de México abrió en 1935 a bombo y platillo, la comunidad artística ignoró la obra copiosa y magnífica de los pintores de calendario.

Hacia fines de la década de 1930, ya había comenzado la edad de oro del arte de los calendarios. Miles y miles de calendarios de propaganda gratis eran distribuidos por las empresas a sus clientes favoritos y a cada cantina de esquina en cada remota aldea y ciudad ajetreada de México. Mientras el mexicano promedio no hubiera podido permitirse nunca obras de arte originales, los calendarios eran disfrutados y coleccionados por todos. Estas obras de arte se convirtieron en un hilo unificador, entretejido en la contextura cultural de la sociedad mexicana, conectando tanto a los pobres aldeanos como a los más acaudalados habitantes españoles y criollos de las ciudades. Estas imágenes de los calendarios unieron al país y celebraron la diversidad regional que es un rasgo intrínsecamente mexicano.

LA CHULITA—MAURO
FUENTE STANDS IN FRONT
OF THE FAMOUS STREET
STALL STARTED BY HIS
GRANDMOTHER IN 1920
*La Chulita—Mauro Fuente
de pie ante el famoso puesto
callejero que comenzó su
abuela en 1920*
2005

LA CUNA DE LA IMPRENTA MEXICANA

La historia de la imprenta mexicana data de los tiempos de Hernán Cortés. La industria impresora mexicana comenzó en los portales de la plaza en frente de la iglesia de Santo Domingo en la Ciudad de México, en el siglo XVI. Evangelistas armados de plumas labradas a mano servían de escribanos públicos para la gente y los negocios que necesitaban escribir importantes documentos—soldados que necesitaban enviar una carta de amor, o mercaderes que requerían

about weather predictions, religious festivals, songs, history, and planting and safety tips. Later, they were produced by companies wanting to promote their products, such as farm equipment, fertilizer, and "miracle" healing tonics.

José Guadalupe Posada

During the twentieth century, Mexican popular printing graphic artist José Guadalupe Posada (1852–1913) worked as a social and political satirist who told his stories with pictures. Through his bold lithography, woodcuts, and zinc, stone, and metal engravings printed on single-page broadsheets and sold for a peso, the sensationalist Posada reported on tragedies, political abuses, unscrupulous priests, and evil businessmen. His work was most popular with the working class, the *campesinos,* and the illiterate population, which made up more than 70 percent of the citizenry at the time. Although

documentación para sus exportaciones a España. Estos escribanos públicos han evolucionado con los años y comenzaron a usar bolígrafos, luego viejas maquinas de escribir estadounidenses y finalmente impresoras de láser—y aún después de cuatrocientos cincuenta años siguen reuniéndose y haciendo su trabajo en la plaza de Santo Domingo.

Una vez que las prensas comenzaron a llegar de Europa en el siglo XIX, los portales que habían servido originalmente como herrería y establos para los monjes jesuitas fueron transformados en pequeñas imprentas. Era un lugar conveniente para comenzar un negocio, ya que estaba situado muy cerca de importantes edificios del gobierno. En la actualidad, esta vieja plaza de piedra está dominada por imprentas modernas y computarizadas que se especializan en invitaciones de bodas y fiestas de quinceañeras. Si uno se fija, puede incluso encontrar algunas viejas prensas de hierro forjado, fabricadas en la década de 1930 en Cleveland, Ohio, que se usaban para imprimir a un solo color eslóganes publicitarios y direcciones en los calendarios.

Almanaques

Desde los comienzos hasta la mitad del siglo XIX, México importaba la gran parte de su material impreso, como por ejemplo libros, regalos y tarjetas decorativas, de Francia y España. Las prensas, enviadas por lo general desde Alemania, eran preciadas importaciones. México tenía posibilidades limitadas para hacer grabados en metal, madera tallada o litografías en piedra o zinc. No obstante, a partir de la década de 1840, los impresores produjeron almanaques, predecesores de los calendarios de pared de regalo, de principios del siglo XX. Los almanaques eran impresos en el país y

Posada's images were never used on calendars, their mass production for the populace meant that they had a powerful influence on the people's political and social ideas.

Expressing his disdain for the wealthy *Porfiriato* class, Posada frequently disguised his characters by depicting them as skeletons. But because the press was censored and the politicians were thin skinned, Posada was jailed on several occasions. Like the calendar artists, Posada never received credit for his work while he was alive. He finally began to receive his just recognition in the 1920s, when Diego Rivera and other famous painters started collecting his work.

Mexican Labels

By the end of the 1800s, Mexico printed religious chromos, newspapers, simple magazines, broadsheets, leaflets, lottery tickets, games, cigarette packages, almanacs, and bottle and crate labels. Litografia Latina, founded in 1886, was a leader in package and label printing. The company's talented artists etched minutely detailed stone tablets that were used in the printing presses. Many of their exquisite designs included pretty white girls in elaborate ethnic dress, often performing traditional dances or posing before an arch, cactus, or ranch scene.

Through the 1880s, a distinctive Mexican style of graphic arts was emerging. Mexico's superbly detailed and gold-embossed product labels, rivaling any European label, graced bottles of beer and tequila, candy boxes, needle cases, and cigarette packages. By the 1930s,

vendidos por unas monedas o regalados por las grandes compañías. A diferencia de los calendarios, contenían predicciones del estado del tiempo e información sobre las fiestas religiosas, canciones, historia y consejos para la siembra y la seguridad. Más adelante, fueron producidos por compañías que querían promover sus productos, tales como equipos agrícolas, fertilizantes y tónicos y elixires "milagrosos" para la salud.

José Guadalupe Posada

Durante la época de la imprenta Mexicana popular del siglo XX, el artista gráfico José Guadalupe Posada (1852–1913) fue un sátiro social y político que contaba sus historias en imágenes. Por medio de sus atrevidas litografías y grabados en madera y metal impresos en volantes de una página y vendidos a peso, el sensacionalista Posada reportaba los tragedias, los abusos políticos, los sacerdotes inescrupulosos y los negociantes malvados. Su trabajo era popular sobre todo entre los obreros, los campesinos y la población analfabeta, que constituía más del 70 por ciento de los ciudadanos de esa época. Aunque las imágenes de Posada nunca fueron usadas en calendarios, su producción en masa para el populacho significó que tenían una poderosa influencia en las ideas políticas y sociales del pueblo.

Para expresar su desdeño por la clase acaudalada del porfiriato, Posada con frecuencia disfrazaba a sus personajes dibujándolos como esqueletos. Pero, ya que la prensa estaba censurada y los políticos del porfiriato fueron muy susceptibles, Posada fue a la cárcel en más de una ocasión. Como los artistas de calendario, Posada nunca recibió crédito por su trabajo mientras vivió, y sólo

these same label companies were beginning to manufacture wall calendars.

Printing companies that had been responsible primarily for printing bottle labels and cigarette packages were now also being asked to create advertising plans, which included magazine ads, signage, serving trays, and promotional giveaway items such as paper fans and wall calendars. Mexican calendar girls flowed from the brushes of unknown artists to become ephemeral advertising art, used briefly to sell a product, attract a customer to the corner store, or lend an air of superiority to one brand over another.

Offset Technology

Major printing advances came in the late 1920s, when modern offset presses capable of producing four-color separation were imported from Chicago. With these fast, automated presses, it was now possible to achieve high-quality color printing at a rate of nine thousand calendars per hour. In a show of dominance, Litografia Latina, the first to import the presses, changed its company name to Lito Offset Latina, making it known that it was the most modern printer in Mexico City.

By the end of the 1930s, Mexico was self-sufficient in the printing of magazines, books, packaging, comics, movie posters, matchbooks, fans, postcards, and calendars. According to Humberto Limón, Mexican printing companies had purchased new offset presses, rolls of paper, buckets of ink, and huge industrial cameras from the United States. American technicians followed, hired by the printing press companies to train Mexican printers to use the new technology.

comenzó a recibir el reconocimiento que merecía en la década de 1920, cuando Diego Rivera y otros pintores famosos comenzaron a coleccionar su obra.

Etiquetas mexicanas

Hacia fines del siglo XIX, México imprimía cromos religiosos, periódicos, revistas sencillas, cartelones, folletos, boletos de lotería, juegos, paquetes de cigarrillos, almanaques y etiquetas de cajas y botellas. Litografía Latina, fundada en 1886, estaba a la cabeza de la impresión de envolturas y etiquetas. Los talentosos artistas de la compañía grabaron piedras calizas con minucioso detalle para su uso en las prensas. Muchos de sus exquisitos diseños incluían bellas chicas blancas en elaborados vestidos típicos, a menudo dando pasos de danzas tradicionales o posando en frente de un arco, un cactus o una escena de un rancho.

Durante la década de 1880, un distintivo estilo mexicano de artes graficas comenzó a emerger. Las etiquetas de los productos mexicanos, con magníficos detalles y dorados, que rivalizaban con cualquier etiqueta europea, adornaban botellas de cerveza y tequila, cajas de dulces, estuches de costura y paquetes de cigarrillos. Hacia la década de 1930, estas mismas compañías de etiquetas comenzaban a fabricar calendarios de pared.

Las compañías impresoras cuya principal responsabilidad había sido la de imprimir etiquetas de botella y paquetes de cigarrillos recibían ahora pedidos para crear planes de publicidad, que incluían anuncios de revistas, carteles, bandejas y regalos de promoción como abanicos de papel y calendarios de pared. Las chicas de los calendarios mexicanos fluían de los pinceles de artistas

MAJOR PRINTING COMPANIES IN MEXICO

Enseñanza Objetiva

Enseñanza Objetiva was founded by Salvador García Guerrero and Francisco González de la Vega in 1922. By 1935 the company was producing calendars, the first printing house to do so in Mexico City. All the early greats painted for this company: Antonio Gómez R., Eduardo Cataño, Jesús de la Helguera, and Xavier Gómez. In the mid 1950s, Enseñanza Objetiva closed and the owners split their assets—including unused printed chromos, printing presses, negatives, cameras, original paintings, and even the artists themselves—between their two competitors, Lito Offset Latina and Galas de México. Collectors should note that the earliest calendars were imprinted with the words "Enseñanza Objetiva,"

but by the early 1940s the imprint read "Litho Leosa" or "Pyasa-Lito-Leosa" (Leosa stands for La Enseñanza Objetiva, SA).

Litografía Latina

Litografía Latina has always been a family business of expert printers. The company was founded in 1886 by José López Rebuelta, after he left Spain at the age of thirteen. At the age of 21, he purchased a small printing company with twenty workers located on Arcos de Belén street in Mexico City. After closing briefly during the Mexican Revolution, this printing company relocated three times before building its current factory in Mexico City. In the early years, the company was famous for high-quality printing of bottle labels and packaging. Casa Cuervo was its first client and has remained a client for more than one hundred years. When the 1920s rolled around, the company became

desconocidos para convertirse en efímero arte publicitario, usado brevemente para vender un producto, atraer a un cliente a un tenderete o brindar a una marca un aire de superioridad sobre otra.

La tecnología de *offset*

Grandes avances técnicos en el campo de la impresión aparecieron a fines de la década de 1920, cuando se importaron de Chicago modernas prensas de *offset* capaces de producir una separación de cuatro colores. Con estas prensas rápidas y automáticas era ahora posible lograr una impresión a color de alta calidad a un paso de nueve mil calendarios por hora. En un alarde de dominación, Litografía Latina, la primera compañía en importar estas prensas, cambió su nombre a Lito Offset Latina, dando a conocer que era la impresora más moderna de Ciudad México.

Al acabar la década de 1930, México se bastaba a sí mismo en cuanto a la impresión de revistas, libros, envolturas, historietas, carteles de películas, cajas de fósforos, abanicos, postales y calendarios. Según Humberto Limón, las compañías impresoras mexicanas habían

MAGAZINE REVISTA DE REVISTAS TEHUANTEPEC FIESTA COVER BY ROBERTO CUEVA DEL RÍO From Santiago Galas' "clipping file." c. 1940 Collection of Museo Soumaya *Revista de Revistas—Fiesta de Tehuantepec portada de corada por Roberto Cueva del Río*

LA FAMILIA MEXICANA,
1935, BY ANTONIO
GÓMEZ R., HANGING IN
THE OFFICE OF SUSANA
ALDUNCIN, CO-OWNER OF
LITOGRAFIA LATINA
*La Familia Mexicana, 1935,
de Antonio Gómez R.,
colgada en la oficina de
Susana Alduncin, codueña
de Litografía Latina*

LA FAMILIA MEXICANA
The Mexican Family
Antonio Gómez R.
1935, Lito—Leosa—Mexico

comprado a los Estados Unidos nuevas prensas de *offset,* rollos de papel, cubetas de tinta y enormes cámaras industriales, a las que siguieron técnicos estadounidenses, empleados por las compañías impresoras para entrenar a los impresores mexicanos en el uso de la nueva tecnología.

IMPORTANTES COMPAÑÍAS IMPRESORAS MEXICANAS

Enseñanza Objetiva

Enseñanza Objetiva fue fundada por Salvador García Guerrero y Francisco González de la Vega en 1922. Hacia 1935 la compañía se hallaba produciendo calendarios, la primera casa impresora en hacer esto en la Ciudad de México. Todos los grandes artistas de los inicios pintaron para esta compañía: Antonio Gómez R., Eduardo Cataño, Jesús de la Helguera y Xavier Gómez. A mediados de la década de 1950, Enseñanza Objetiva cerró y los dueños repartieron sus bienes—incluyendo cromos impresos sin usar, prensas, cámaras, negativos, pinturas originales y hasta los mismos artistas—entre sus dos competidores, Lito Offset Latina y Galas de México. Los coleccionistas deberían tomar nota de que los primeros calendarios tenían las palabras "Enseñanza Objetiva", pero ya a principios de la década de 1940 decían "Lito Leosa" o "Paysa-Lito-Leosa" (Leosa significa La Enseñanza Objetiva, SA).

the first printer to purchase an offset printing press, and thus changed its name to Lito Offset Latina (the original name was restored in 2000). In the 1930s, Salvador Monroy, a second-generation family member running the company, extended the label-making operations to include calendar production, which was enormously successful due to the beauty of these products. Five of the most famous calendar painters worked for Lito Offset Latina: Antonio Gómez R., Eduardo Cataño, Jesús de la Helguera, Armando Drechsler, and Jaime Sadurní. Litografia Latina is now operated by the family's fourth generation. Although they do not currently print calendars, they are still industry leaders in labels and packaging.

Galas de México

Galas de México (Galas Offset), which would become the largest calendar-printing company in Latin America, was founded in 1913 by Santiago Galas Arce (1886–1970), who immigrated to Mexico as a Spanish Civil War refugee. He purchased his first printing business, a small one, for fifteen hundred pesos in 1913, and over the years he expanded his printing operations to include plant locations in Havana, Cuba; Caracas, Venezuela; Madrid, Spain; and Bogotá, Colombia. During and after World War II, Santiago hired many expatriate Germans as technicians, press operators, and press mechanics. Fidel Castro expropriated the Havana printing plant in 1959.

All the famous calendar painters worked for Galas at one time or another: A. X. Peña, José Bribiesca, Vicente Morales, Xavier Gómez, Jesús de la Helguera, and Jorge González Camarena, to name a few. Santiago Galas was a hardworking man of good reputation who demanded high quality from his employees, right down to their work attire. Factory employees and artists were

Litografia Latina

Litografía Latina siempre ha sido un negocio familiar de expertos impresores. La compañía fue fundada en 1886 por José López Rebuelta, quien había dejado España a los trece años. A los veintiuno, compró una pequeña imprenta con veinte obreros situada en la calle Arcos de Belén. Tras cerrar brevemente durante la Revolución mexicana, esta compañía impresora cambió tres veces de ubicación antes de construir su fábrica actual en la Ciudad de México. En sus primeros años, la compañía se hizo famosa por la impresión de alta calidad de etiquetas de botellas y envolturas. Casa Cuervo fue su primer cliente, y ha seguido siendo su cliente por más de cien años. Al pasar la década de 1920, la compañía se convirtió en la primera imprenta en comprar una prensa *offset*, y cambió su nombre por tanto a Lito Offset Latina (el nombre original se restableció en el 2000). En la década de 1930, Salvador Monroy, un miembro de la segunda generación de la familia a cargo de la compañía, amplió la operación de impresión de etiquetas para incluir la producción de calendarios, que tuvo un éxito enorme debido a la belleza de estos productos. Cinco de los más famosos pintores de calendario trabajaron al para Lito Offset Latina: Antonio Gómez R., Eduardo Cataño, Jesús de la Helguera, Armando Drechsler y Jaime Sadurní. La cuarta generación de la familia está ahora a cargo de Litografia Latina. Aunque ya no imprimen calendarios, se encuentran todavía a la cabeza de la industria en etiquetas y envolturas.

LITOGRAFIA LATINA FACTORY WORKERS, MEXICO CITY (OWNER SALVADOR MONROY IS SECOND FROM LEFT) *Trabajadores de Litografía Latina, la Ciudad de México (el dueño Salvador Monroy es el segundo a partir de la izquierda)* 1910, Collection of Litografia Latina

FOTO DEL RECUERDO
LITO OFFSET LATINA, PRINCIPIO DEL SIGLO

required to wear hats, nice pants, ironed shirts, and polished leather shoes; this dress code was in place as late as the 1960s. Despite his high expectations, Galas maintained personal relationships with his artists and they enjoyed working for him. They appreciated the fact that they were given specific instructions for their painting jobs and then given lots of leeway for interpretation.

Galas calendar artists drew from whatever was popular at the time. Santiago Galas kept a clipping file full of pages torn from foreign magazines and newspapers, including covers, advertisements, and photos of movie stars accumulated in his international travels. From this file he would often pull two or three examples and give them to a painter to provide direction on a project. The Galas plant also used state-of-the-art equipment and supplies. Wanting to maintain his good reputation, Galas himself

negotiated and signed the contracts with corporate clients who wanted exclusive calendars. Generally, exclusive calendars made up only 20 percent of the Galas production. It was said that Santiago preferred more modest calendar girls to nudes, but when a corporate client required a sexier painting, he would order it done.

Galas de México primarily sold calendars in Mexico, but some, printed in the Mexico City plant, were exported to the United States, Cuba, Haiti, and Central and South America. The chromos were shipped to the other facilities for custom printing and post-production calendar attachment. Señor Galas owned a second company, El Arte, located next to the major Mexico City plant, where all the post-printing calendar work was done. It was there that workers did calendar assembly work (attaching spirals and *varillas*) and handled all the printing for beer trays, folding fans, and other

Galas de México

Galas de México (Galas Offset), que llegaría a ser la mayor compañía impresora de calendarios en América Latina, fue fundada en 1913 por Santiago Galas Arce (1886–1970), quien inmigró a México como refugiado de la guerra civil española. Él compró en 1913 su primer negocio, una pequeña imprenta, por mil quinientos pesos, y al paso de los años expandió sus operaciones de impresión para incluir plantas en La Habana, Cuba; Caracas, Venezuela; Madrid, España; y Bogotá, Colombia. Durante y dispués de la Segunda Guerra Mundial, y después de ésta, Santiago empleó a muchos alemanes expatriados como técnicos, operadores y mecánicos en sus imprentas. Fidel Castro confiscó la imprenta de La Habana en 1959.

Todos los famosos pintores de calendario trabajaron para Galas en algún momento: A.X. Peña, José Bribiesca, Vicente Morales, Xavier Gómez, Jesús de la Helguera y Jorge González Camarena, por sólo nombrar unos pocos. Santiago fue un hombre laborioso de buena reputación que exigía alta calidad de sus empleados, comenzando por sus ropas de trabajo. Sus empleados y artistas eran obligados a llevar sombreros, pantalones de buen corte, camisas planchadas y zapatos de cuero abrillantados; este reglamento en el vestir estuvo vigente hasta la década de 1960. A pesar de sus altas expectativas, mantuvo relaciones de amistad con sus artistas y ellos amaban trabajar para él.

LETTERHEAD OF
GALAS DE MÉXICO
*Membrete de
Galas de México*
1940, Collection of
Museo Soumaya

advertising items. Señor Galas was constantly traveling among his foreign plant locations, but he still took time to stay involved in all aspects of his printing business.

When Santiago retired, the management of the company was taken over by his son, Marcelo Galas. After Marcelo married a Chilean woman and decided to reside outside of Mexico, he sold Galas de México to respected businessman Carlos Domit Slim and Grupo Carsa in 1976. Galas de México is still in operation as a state-of-the-art printing house; the company's primary business is no longer printing calendars, however, but printing packaging for cigarettes, ice cream, coffee, and other food items as well as labels for liquor and beer. The Galas de México collection includes more than twenty-five hundred original canvases, which may soon become part of a permanent museum collection.

Calendarios Landin

This printing house still operates a very modern plant in Querétaro, Guanajuato. Its extensive distribution network blankets the Republic, selling gift calendars to businesses all over Mexico and the United States. Reproduction rights to the classic calendar paintings of Jesús de la Helguera are held by Landin, and these are among its most popular images.

Ellos apreciaban el hecho de que se les dieran instrucciones específicas para sus pinturas, pero completa libertad de interpretación.

Los artistas de calendario de Galas se inspiraban en cualquier cosa que fuese popular en el momento. Santiago Galas llevaba un álbum de recortes lleno de páginas arrancadas a revistas y periódicos extranjeros, incluyendo cubiertas, anuncios y fotos de estrellas de cine, acumuladas durante sus viajes al extranjero. A menudo sacaba dos o tres ejemplos de este álbum y se los daba a un pintor, para orientarlo en un proyecto. La planta de Galas usaba asimismo los equipos y recursos más avanzados. Con el deseo de mantener su buena reputación, Galas negociaba y firmaba en persona los contratos con sus clientes corporativos que deseaban calendarios exclusivos. Por lo general, los calendarios exclusivos solamente formaban el 20 por ciento de la producción de Galas. Se ha dicho que Galas prefería calendarios de chicas más modestas a los de desnudas, pero cuando un cliente corporativo requería una pintura más atrevida, él ordenaba su ejecución.

Galas de México vendió calendarios principalmente en México, pero algunos, impresos en la planta de la Ciudad de México, se exportaron a los Estados Unidos, Cuba, Haití, América Central y del Sur. Los cromos eran enviados a las otras imprentas para su personalización y para pegar las hojas. Galas era dueño de una segunda compañía, El Arte, situada junto a la imprenta principal en la Ciudad de México, donde se hacía todo el trabajo de post-impresión de los calendarios. Era allí que se hacía el trabajo de ensamblaje de los calendarios (colocar las espirales y varillas), así como toda la impresión de bandejas para cerveza, abanicos plegables y otros artículos publicitarios. Galas

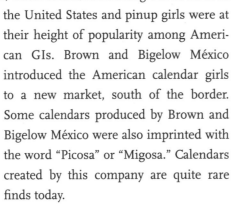

Brown and Bigelow México

The only American company to ever have offices in Mexico was Brown and Bigelow of St. Paul, Minnesota, then the largest, most popular calendar company in the world. While it is unclear how long Brown and Bigelow operated in Mexico, it appears that the company produced calendars for several years during World War II, when domestic rationing was in force in the United States and pinup girls were at their height of popularity among American GIs. Brown and Bigelow México introduced the American calendar girls to a new market, south of the border. Some calendars produced by Brown and Bigelow México were also imprinted with the word "Picosa" or "Migosa." Calendars created by this company are quite rare finds today.

MINOR CALENDAR PRINTING COMPANIES

Between 1930 and 1960, many smaller printing companies in Mexico City, Monterrey, Guadalajara, and Puebla provided calendars to local customers. Most did not print a hallmark on their calendars (a notable exception is Calendarios Dragón). Little is known about Calendarios America, Estampa, and Litho Mexicano (Lito-Mex), although we do know that they printed calendars in Mexico City from the 1940s to the 1960s.

Many calendars that made their way into the American market, and into this author's collection, took an interesting route. Back in the 1920s, Simón Martinez and his son, Carlos Martinez Cárdenas, of Monterrey, Nuevo León, owned a hardware company in addition to a garment business, where they sewed men's suits

viajaba constantemente de una a otra de sus plantas extranjeras, pero así y todo hallaba tiempo para mantenerse al tanto de todos los aspectos de su negocio de impresión.

Cuando Galas se retiró, su hijo, Marcelo Galas, asumió la dirección de la compañía. Luego que Marcelo se casó con una chilena y decidió vivir fuera de México, vendió Galas de México al respetado hombre de negocios Carlos Domit Slim y al Grupo Carso en 1976. Galas de México aún opera como una casa impresora de la mayor calidad; no obstante, la ocupación principal de la compañía no es ya la impresión de calendarios, sino de envolturas para cigarrillos, helados, café y otros alimentos, así como de etiquetas para licores y cerveza. La colección de Galas de México incluye más de dos mil quinientos lienzos originales, que pronto formarán parte de una colección permanente de museo.

Calendarios Landín

Esta casa impresora opera todavía una planta ultramoderna en Querétaro, Guanajuato. Su extensa red de distribución cubre toda la república, y venden calendarios de regalo a empresas en todo México y los Estados Unidos. Landín posee los derechos de reproducción de las pinturas de calendario clásicas de Jesús de la Helguera, y éstas se hallan entre sus imágenes más populares.

Brown y Bigelow México

La única compañía estadounidense que ha tenido sucursal en México ha sido Brown y Bigelow de St. Paul, Minnesota, en ese tiempo la mayor y más popular compañía impresora de calendarios

and shirts. For their hardware business they imported German tools and equipment, which arrived in big shipping containers. In the 1940s, they mistakenly received a small, simple printing press that they hadn't ordered. Even though they didn't know anything about the printing business, they decided to keep it and use it to print calendars for other businesses in northern Mexico. They opened Calendarios Dragón around 1940, with a few salesmen selling line calendars in Coahuila, Tamalipas, Nuevo León, and Chihuahua. Since the printing press could only print black ink, they made deals with large calendar-printing companies like Brown and Bigelow in St. Paul and Galas de México to buy incomplete color chromo calendars in large quantities. They needed to buy stacks of thousands of incomplete calendars in order to get the most popular images. Calendarios Dragón then printed the custom advertising informa-tion for its clients on the calendars and attached the date pad.

After Señor Martinez died, his family inherited a storeroom filled with thousands of unfinished and uncirculated Mexican calendars, which they attempted to sell at antique paper shows in Texas during the late 1980s. This is the origin of most calendars currently available in the United States, and it explains why so many American Brown and Bigelow calendars printed in Spanish and featuring artists such as Billy DeVorss, Alberto Vargas, and Rolf Armstrong are found in Mexico.

END OF PAINTED CALENDARS

The use of painted calendar art ended abruptly with the sudden popularity of color photography in the late 1950s. Printing houses found that producing calendars from paintings

en todo el mundo. Aunque no está claro por cuánto tiempo operaron en México, al parecer produjeron calendarios por varios años durante la Segunda Guerra Mundial, cuando el racionamiento fué impuesto en los Estados Unidos y los carteles con chicas gozaban de su popularidad máxima entre los militares estadounidenses. Brown y Bigelow México introdujó los calendarios de chicas estadounidenses a un nuevo mercado, al sur de la frontera. Algunos de los calendarios producidos por Brown y Bigelow México se imprimían además con la palabra "Picosa" o "Migosa." Los calendarios creados por esta compañía son raros.

COMPAÑÍAS DE IMPRESIÓN DE CALENDARIO MENOS IMPORTANTES

Entre 1930 y 1960, muchas compañías impresoras pequeñas con sede en la Ciudad de México, Monterrey, Guadalajara y Puebla abastecían de calendarios a sus clientes locales. La mayoría no ponían un nombre en sus calendarios (Calendarios Dragón es una excepción notable). Es poco lo que se sabe de Calendarios América, Estampa, y Litógrafos Mexicanos (Lito-Mex), aunque sí sabemos que imprimieron calendarios en Ciudad México desde la década de 1940 a la de 1960.

Muchos calendarios que llegaron al mercado estadounidense, y a la colección de la autora, siguieron una ruta interesante. En la década de 1920, Simón Martínez y su hijo, Carlos Martínez Cárdenas, de Monterrey, Nuevo León, eran dueños de una ferretería además de un negocio de ropas en que cosían trajes y camisas de hombre. Para su ferretería, ellos importaban herramientas y equipos alemanes, que llegaban en grandes contenedores. En la década de 1940 recibieron por

was simply too expensive when new printing presses and cameras could produce modern-looking calendars for a fraction of the cost. Calendar companies quickly created sample cases full of new lines featuring color photography (although they did keep a few of the favorite classics), and painters became obsolete overnight. Some were offered different jobs in the factories, but others retired, took on private portraiture commissions, or stopped painting altogether.

COLLECTING CALENDARS

When seeking a Mexican calendar in the United States, a collector's best approach would be to go to a Latino-owned business in the Southwest or Chicago (with its large Mexican population), especially a Mexican bakery, neighborhood market, folk art shop, or restaurant. In these places, nostalgia for the old calendar art remains high. Collectible Mexican calendar art comes in three basic forms: complete calendars, incomplete calendars, and original artwork.

Complete calendars have both the date pad and post-production printing on the *faldilla* naming the business that is distributing the calendar. These are difficult to find, since most hung on the walls of family homes for decades and eventually became so worn out that they were discarded. Keep in mind that the year shown on a date pad may not be the year the image was originally created. A company might have printed fifty thousand calendars of an image that it expected to be more popular than it turned out to be. In that case, the company would have kept the image in its sample cases until those calendars ran out. So even if a line calendar has a 1946 date pad on it, the artwork might have been painted in 1936.

error una prensa, pequeña y sencilla, que no habían ordenado. Aunque no sabían una palabra del negocio de la imprenta, decidieron conservarla y ponerla en uso imprimiendo calendarios para otras empresas en el norte de México. Ellos inauguraron Calendarios Dragón alrededor de 1940, con unos cuantos viajantes vendiendo calendarios en serie en Coahuila, Tamaulipas, Nuevo León y Chihuahua. Ya que su imprenta solamente podía imprimir en tinta negra, hicieron arreglos con grandes compañías impresoras de calendarios, como Brown y Bigelow en St. Paul y Galas de México, para comprar cromos de color de calendarios incompletos en grandes cantidades. Ellos necesitaban comprar muchos miles de calendarios incompletos para obtener las imágenes más populares. Calendarios Dragón imprimía entonces la información publicitaria personalizada de sus clientes en los calendarios y pegaba la parte de las fechas.

Al morir Martínez, su familia heredó un almacén lleno de miles de calendarios mexicanos sin terminar que no habían circulado, los cuales intentaron vender en eventos de antigüedades de papel a fines de la década de 1980. Este es el origen de la mayoría de los calendarios que pueden encontrarse actualmente en los Estados Unidos, y esto explica por qué se puede encontrar en México tantos calendarios estadounidenses de Brown y Bigelow impresos en español y mostrando la obra de artistas tales como Billy DeVorss, Alberto Vargas, y Rolf Armstrong.

FIN DE LOS CALENDARIOS PINTADOS

El uso de calendarios con imágenes pintadas terminó abruptamente con la popularidad repentina de la fotografía a color a finales de la década de 1950. Las casas impresoras encontraron

Incomplete calendars contain only a chromo image and a blank *faldilla*. These originated from salesmen's sample cases or from the printing company where hundreds were held in stock, waiting for finishing orders. Both complete and incomplete calendars may be found on the Internet, and at flea markets, antique shops, and paper shows.

Thousands of original oil, watercolor, and pastel paintings were made for the mass-produced calendars. The original artwork was generally owned by the printing companies. Since many of the calendar companies have closed, some of these precious paintings have found their way to flea markets, galleries, and art auctions both in the United States and Mexico. A few artists did work on the side for private commissions to supplement their incomes; these paintings can be identified by their higher-quality canvases that show evidence of having been "prepped" before being painted. The commercial canvases were not usually prepped and consequently peeled in a few years.

ROMANTIC MEMORIES

The Mexican calendar girls were originally created to sell products. These fantasy girls, painted in elaborate costumes and scenes, were meant to elicit an emotional response from the viewer, one of happiness, nostalgia, or nationalistic pride. Even the sexy calendar girls in risqué outfits were painted to create chic images for the products they promoted. Viewed now, the calendar girls bring back cherished, romantic memories of Old Mexico.

---

que producir calendarios a partir de pinturas era simplemente demasiado caro, y que las nuevas prensas y cámaras podían producir calendarios de aspecto moderno por una fracción del costo. Las compañías impresoras de calendarios crearon rápidamente cajas de muestras llenas de nuevas líneas con fotografías a color (aunque conservaron algunos de los clásicos favoritos) y los pintores se volvieron de pronto obsoletos. A algunos de ellos se les ofrecieron diferentes trabajos en las fábricas, pero otros se retiraron, se dedicaron a pintar retratos por encargo o abandonaron la pintura por completo.

MUJER CON CANTARO
Woman with Waterpot
Vicente J. Morales, 1940
Galas de México
Collection of Museo
Soumaya

COLECCIONAR CALENDARIOS

Al buscar un calendario mexicano en los Estados Unidos, lo mejor que puede hacer un coleccionista es ir a un negocio de dueños latinos en el Suroeste o en Chicago (que tiene una enorme población mexicana), especialmente una panadería mexicana, un mercado de barrio, una tienda de arte popular o un restaurante. En estos lugares, la nostalgia de los viejos calendarios se mantiene viva. Hay tres tipos básicos de arte de calendario mexicano coleccionable: calendarios completos, calendarios incompletos y pinturas originales.

Los calendarios completos tienen tanto la parte de las fechas como la impresión de postproducción en la faldilla nombrando el negocio que distribuye el calendario. Estos son difíciles de encontrar, ya que la mayoría estuvieron colgados durante décadas enteras en los muros de hogares familiares y acabaron por gastarse tanto que fueron echados a la basura. Tengan en mente que la fecha que muestra la parte de las fechas puede no ser el año en que la imagen fue creada originalmente.

Una compañía pudo haber impreso cincuenta mil calendarios con una imagen que esperaban fuese más popular de lo que realmente fue. En ese caso, la compañía simplemente mantenía la imagen en sus cajas de muestras hasta que se acababan esos calendarios. De modo que, aun si la parte de las fechas de un calendario en serie dice 1946, la pintura puede haber sido hecha en 1936.

Los calendarios incompletos presentan solamente un cromo y una faldilla en blanco. Estos tienen su origen en las cajas de muestras de los viajantes o en la compañía impresora, donde se guardaban cientos en espera de una orden para ser terminados. Se puede encontrar lo mismo calendarios completos que incompletos en sitios del Internet y en pulgueros, tiendas de antigüedades y antigüedades de papel.

Miles de pinturas originales, al óleo, a la acuarela y al pastel, fueron hechas para los calendarios producidos en masa. La compañía impresora era dueña por lo general de las pinturas originales. Debido a que muchas de las compañías fabricantes de calendarios han cerrado, algunas de estas preciadas pinturas han ido a parar a pulgueros, galerías y subastas de arte tanto en los Estados Unidos como en México. Unos pocos artistas hicieron trabajos por cuenta propia, por encargo, para ganar dinero adicional; estas pinturas pueden reconocerse en que están hechas en lienzo de mejor calidad y en que nota que el lienzo fue "preparado" con capas preliminares antes de ser pintado. Los linezos comerciales no fueron preparados y por consequencia la pintura se despegó en pocos años.

RECUERDOS ROMÁNTICOS

Los calendarios de chicas mexicanas fueron pintados originalmente para vender productos. Estas chicas de fantasía, pintadas en elaborados trajes y escenas, tenían el objetivo de suscitar una respuesta emocional del espectador, ya fuese felicidad, nostalgia u orgullo nacional. Hasta los calendarios de chicas provocativas en atuendos atrevidos fueron pintados para crear una imagen chic del producto que anunciaban. Vistos hoy en día, estos calendarios de chicas nos traen recuerdos entrañables y románticos del Viejo México.

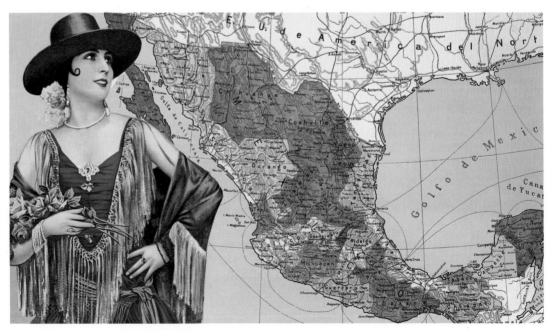

MAP OF MEXICO
Mapa de Mexico
Artist and publisher
unknown/Artista y impresor
desconocido, c. 1930

facing page,
JARABE TAPATÍO
Mexican Hat Dance
Armando Drechsler, 1937
Galas de Méxcio
Collection of
Museo Soumaya
Exclusive calendar,
National Lottery

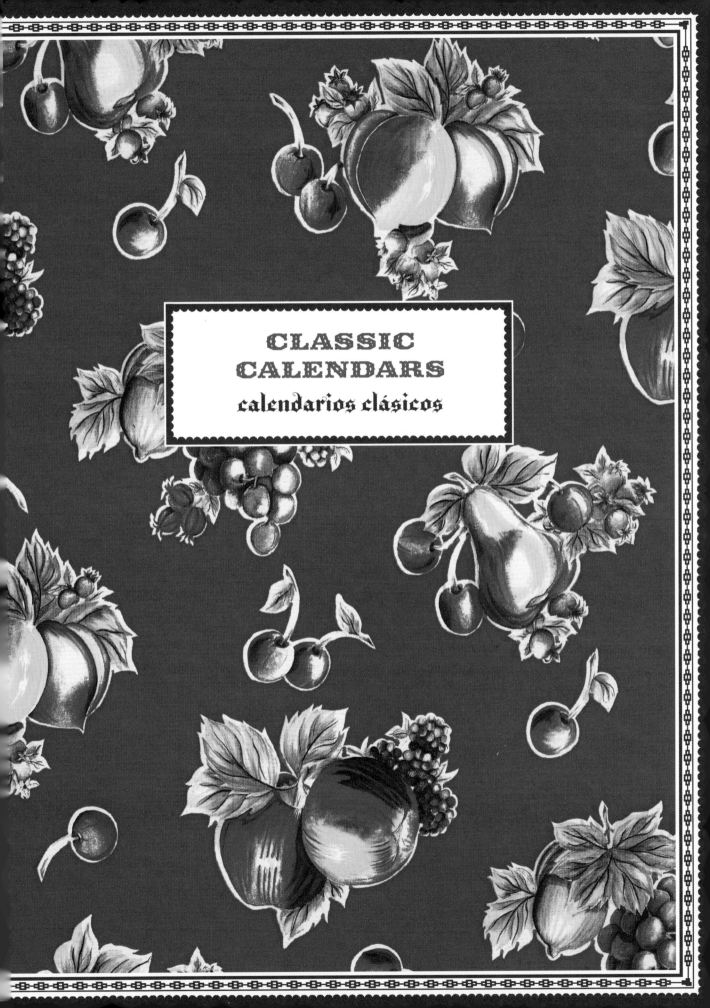

CLASSIC CALENDARS

calendarios clásicos

A. Gómez

ABOVE
El Pajarito de la Suerte
[Fortune Telling Bird]
José Bribiesca, 1959
Collection of Museo Soumaya

LEFT
Rosita La Pajarera
[Rosita the Bird-Seller]
Antonio Gómez R., 1936
Enseñanza Objetiva

ABOVE
Mujer con Xicalpestle
[Woman with Gourd Bowl]
H. Guevara, 1935
Publisher unknown/
Impresor desconocido

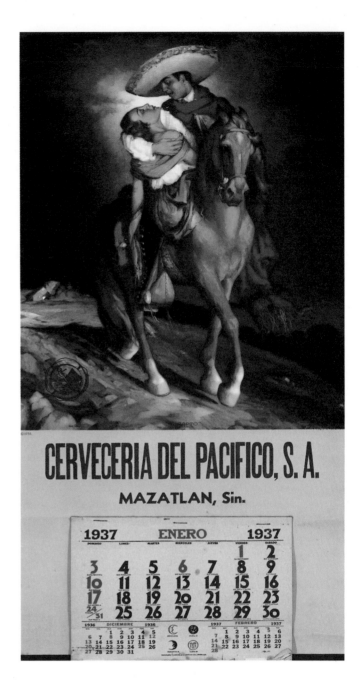

TOP LEFT
𝔇𝔢𝔰𝔭𝔢𝔡𝔦𝔡𝔞 ℭ𝔞𝔪𝔭𝔢𝔰𝔱𝔯𝔢 𝔞𝔩 𝔄𝔱𝔞𝔯𝔡𝔢𝔠𝔢𝔯
[Country Farewell at Dusk]
Eduardo Cataño W., 1940
Collection of Litografia Latina

BOTTOM LEFT
𝔈𝔰𝔭𝔢𝔧𝔬 𝔡𝔢 𝔄𝔤𝔲𝔞
[Water Mirror]
Antonio Gómez R., 1938
Enseñanza Objetiva

ABOVE
𝔈𝔩 ℜ𝔞𝔭𝔱𝔬
[Abduction]
Artist unknown/
Artista desconocido, 1936
Enseñanza Objetiva

RIGHT
𝔈𝔫𝔞𝔪𝔬𝔯𝔞𝔡𝔬𝔰
[The Lovers]
W. Soto, 1940
Collection of Litografia Latina

LEFT
Linda Mexicana
[Mexican Beauty]
Xavier Gómez, 1948
Galas de México

ABOVE
Dos Amigas
[Two Friends]
Armando Drechsler, 1941
Talleres Graficos de la Nación
Exclusive calendar for
the National Lottery

ABOVE
Xochimilco
Artist unknown/
Artista desconocido, 1935
Enseñanza Objetiva

FACING, TOP LEFT
Trajinera
[Woman with Roses]
Martín Alvarado G., 1936
Galas de México

FACING, TOP RIGHT
Lagunas de Xochimilco
[Lagoons in Xochimilco]
A. E. de la Mora, 1940
Collection of Museo Soumaya

FACING, BOTTOM LEFT
Vendadora de Flores en Xochimilco
[Xochimilco Flower Seller]
Mariano Miguel, 1940
Publisher unknown/Impresor desconocido

FACING, BOTTOM RIGHT
Los Hermanitos
[Little Brother and Sister]
Cordilla Uruelia, 1954
Galas de México

MEXICO

Dia del Campo

[A Day in the Country]
Artist unknown/
Artista desconocido, 1941
Galas de México

Mujeres Yalatecas

[Women from Yalalag, Oaxaca]
Antonio Gómez R., 1938
Pyasa–Lito–Leosa

Bajo Las Estrellas

[Under the Stars]
Eduardo Cataño W., 1935
Enseñanza Objetiva

Frutería
[Fruit Vendor]
Luis Soffeino, 1938
Publisher unknown/Impresor
desconocido

China Poblana
H. Guevara, 1935
Publisher unknown/Impresor
desconocido

Noche Buenas
[Christmas Eve]
Antonio Gómez R., 1938
Enseñanza Objetiva

NATIONAL IDENTITY

identidad nacional

PRECEDING
La Patria
[Homeland]
Rodolfo de la Torre, 1938
Galas de México
Collection of Museo Soumaya

LEFT
La Cosecha Nacional
[National Harvest]
Jorge González Camarena, 1946
Galas de México

LEFT
Desfile Mexicano
[Mexican Parade]
Antonio Gómez R., 1938
Calendarios America

RIGHT
China Poblana
Martín Alvarado G., 1939
Galas de México

Flores

LEFT

Linda Mexicana
[Mexican Beauty]
Armando Drechsler, 1938
Litógrafos Mexicanos

ABOVE

Flor de Bajío
[Flower of the Lowlands]
Eduardo Cataño W., 1960
Galas de México
Collection of Museo Soumaya

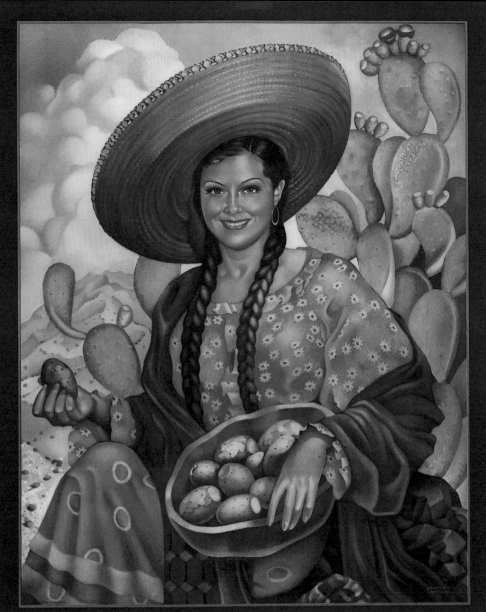

FACING, LEFT
Mujer con Tunas
[Woman with Prickly Pear]
Jorge González Camarena, 1946
Galas de México

TOP LEFT
Fruta Verde y Madura
[Green and Ripe Fruit]
Jorge González Camarena, 1945
Galas de México

BOTTOM LEFT
Amapolas de Xochimilco
[Xochimilco Poppies]
Jorge González Camarena, 1940
Galas de México

ABOVE
Fruta Abundante
[Plenty of Fruit]
Jorge González Camarena, 1951
Galas de México
Collection of Leigh Adams

ABOVE

𝕿𝖊𝖍𝖚𝖆𝖓𝖆𝖘
[Women from the Isthmus of
Tehuantepec, Oaxaca]
A. X. Peña, 1935
Litógrafos Mexicanos

LEFT

𝕴𝖓𝖉í𝖌𝖎𝖓𝖆 𝖈𝖔𝖓 𝕱𝖑𝖔𝖗𝖊𝖘
[Native Woman with Flowers]
A. X. Peña, 1937
Asociacion Mexicana de Turismo

ABOVE

𝕿𝖊𝖍𝖚𝖆𝖓𝖆𝖘 𝖈𝖔𝖓 𝕬𝖑𝖈𝖆𝖙𝖗𝖆𝖘𝖊𝖘
[Tehuanas with Calla Lilies]
Romero Díaz, 1940
Collection of Litografia Latina

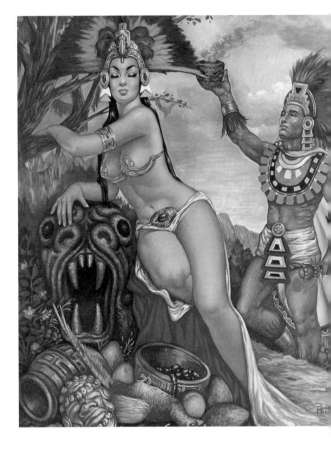

ABOVE
𝔖𝔞𝔠𝔯𝔦𝔣𝔦𝔠𝔦𝔬
[Sacrifice]
Artist unknown/
Artista desconocido, 1945
Litógrafos Mexicanos

LEFT
𝔙𝔦𝔯𝔤𝔢𝔫 𝔐𝔞𝔶𝔞
[Mayan Virgin]
Cáceres Novello, 1937
Litógrafos Mexicanos

ABOVE
𝔓𝔯𝔦𝔫𝔠𝔢𝔰𝔞 𝔐𝔞𝔶𝔞
[Mayan Princess]
Angel Martín, 1960
Lito Estampa

FACING, LEFT

Princesa Maya
[Mayan Princess]
Armando Drechsler, 1942
Galas de México

TOP LEFT

Princesa con Puma
[Princess with a Puma]
Armando Drechsler, 1942
Galas de México

MIDDLE LEFT

Rebozo Rojo
[Red Rebozo]
Armando Drechsler, 1938
Galas de México

BOTTOM LEFT

Xiuhcoatl
Armando Drechsler, 1942
Galas de México

BELOW

Danzarina con Tucan
[Dancer with Toucan]
Armando Drechsler, 1942
Galas de México

ABOVE
Criolla
[Creole Woman]
Hoyos, 1938
Litógrafos Mexicanos

FACING, TOP LEFT
Ojos Verdes
[Green Eyes]
Alberto Carmona, 1945
Litógrafos Mexicanos

FACING, TOP RIGHT
Diosa del Fuego
[Goddess of Fire]
Armando Drechsler, 1952
Galas de México

FACING, BOTTOM LEFT
Dama Huichol
[Huichol Lady]
Mario Chávez Marión, 1945
Collection of Litografia Latina

FACING, BOTTOM RIGHT
Princesa Azteca
[Aztec Princess]
Humberto Limón, 1960
Calendarios America

ABOVE
𝕻𝖆𝖗𝖊𝖏𝖆 𝖈𝖔𝖓 𝕻𝖊𝖗𝖗𝖔
[Couple with Dog]
Antonio Gómez R., 1945
Pysa–Lito–Leosa

LEFT
𝕽𝖎𝖊𝖓𝖆 𝖉𝖊 𝕮𝖆𝖈𝖆𝖔
[Queen of Cocoa]
José Bribiesca (Senior), 1940
Collection of Museo Soumaya
Exclusive calendar for the
Azteca chocolate factory

ABOVE
𝕿𝖊𝖍𝖚𝖆𝖓𝖆
[Woman from Tehuantepec]
Mariano Miguel, 1952
Galas de México

T
ilagro de Tepeyac
iracle in Tepeyac]
o (Jorge González Camarena), 1946
las de México

ABOVE
Charrería Mexicana
[Mexican Cowgirl]
Antonio Gómez R., 1960
Collection of Museo Soumaya

FT

Ꜳoracion Ꝡalateca
[Ꜳalateca Flowers]
Ꜳtonio Gómez R., 1946
Ꜳlas de México

ABOVE

Vendedora de Jícaras
[Gourd Seller]
A. Barron, 1940
Galas de México

TOP RIGHT

Istmeña
[Woman from the
Isthmus of Oaxaca]
Artist unknown/
Artista desconocido, 1945
Litógrafos Mexicanos

BOTTOM RIGHT

Arre Burrita
[Giddy Up, Donkey]
Artist unknown/
Artista desconocido, 1955
Galas de México
Exclusive calendar,
International Harvester

CELEBRATIONS AND CUSTOMS
fiestas y costumbres

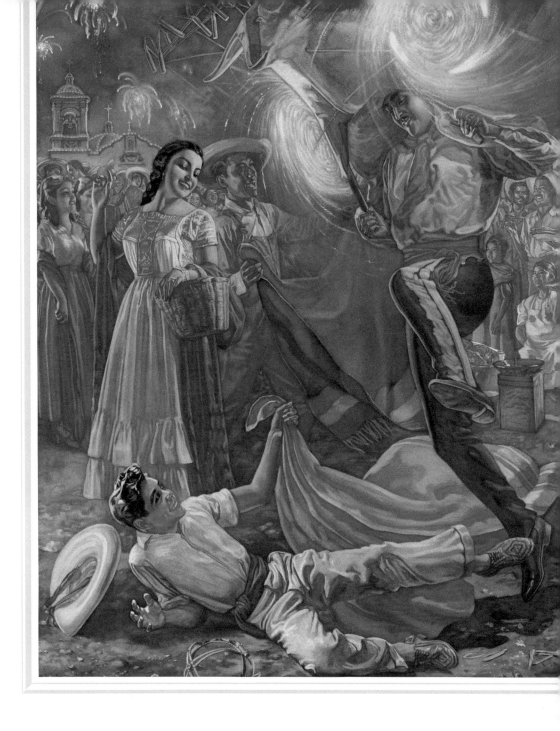

ABOVE
Jarabe Tapatio
[Mexican Hat Dance]
Eduardo Cataño W., 1939
Pysa–Lito–Leosa

FACING, TOP LEFT
Pelea de Gallos
[Cockfight]
Eduardo Cataño W., 1957
Galas de México
Exclusive calendar, Carta Blanca

FACING, TOP RIGHT
Sabado de Gloria (Quemado a Judas)
[Holy Saturday (Burning of Judas)]
Luis Améndolla, 1960
Galas de México
Exclusive calendar, Carta Blanca

FACING, BOTTOM LEFT
Piñatas
Luis Améndolla, 1954
Galas de México
Exclusive calendar, Carta Blanca

FACING, BOTTOM RIGHT
Feria Pueblerina (Loteria)
[Village Fair (Lottery)]
Luis Améndolla, 1957
Galas de México
Exclusive calendar, Carta Blanca

ABOVE
Baile de la Medianoche
[Midnight Dance]
Vicente J. Morales, 1937
Galas de México

LEFT
Danza de los Viejitos
[Dance of the Little Old Man]
José Bribiesca, 1953
Galas de México

ABOVE
La Bamba
[Jaroche Dance, Veracruz]
Artist unknown/
Artista desconocido, 1938
Litógrafos Mexicanos

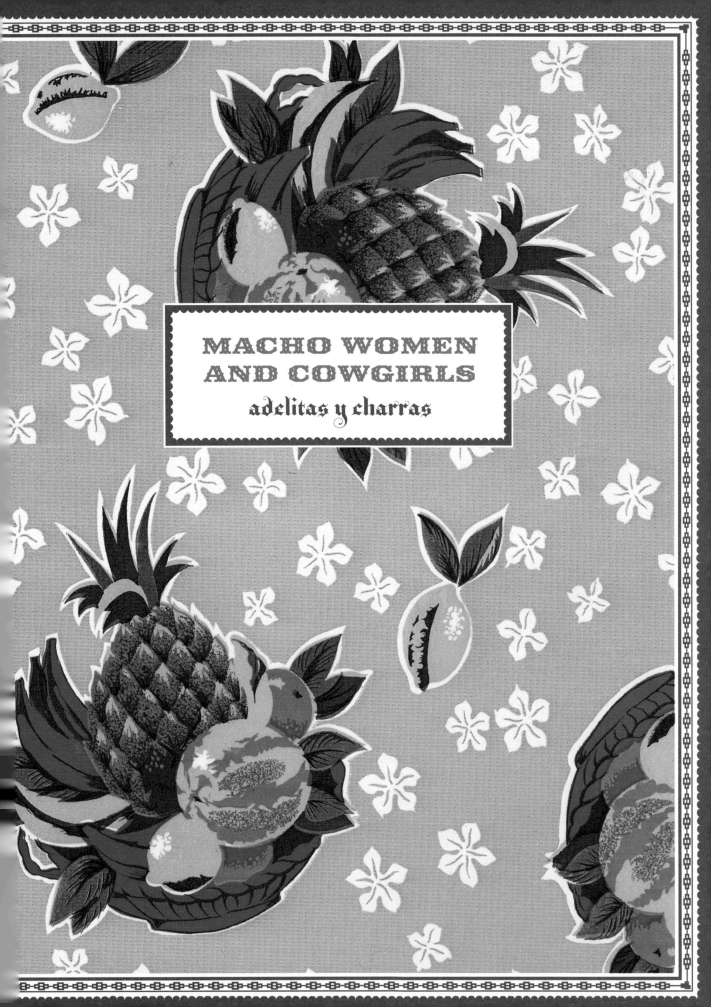

MACHO WOMEN AND COWGIRLS
adelitas y charras

PRECEDING
Amazona
[Cowgirl]
Mariano Miguel, 1946
Galas de México

LEFT
Adelita
[Soldier Girl of the Mexican
Revolution]
Alberto Carmona, 1953
Collection of Museo Soumaya

LEFT
Las Soldaderas
[Soldier Girls]
Antonio Gómez R., 1938
Pysa–Lito–Leosa

RIGHT
Soldaderas
[Soldier Girls]
Antonio Gómez R., 1940
Pysa–Lito–Leosa
Exclusive calendar, rifle advertising
(probably Carabina 30-30)

TOP LEFT
Mujer del Campo con Caballos
[Country Woman with Horses]
Antonio Gómez R., 1936
Lito Offset Latina

TOP RIGHT
Reinas del Jaripeo
[Rodeo Queens]
Eduardo Cataño W., 1939
Pysa–Lito–Leosa

BOTTOM LEFT
Amor Ranchero
[Love at the Ranch]
Rodolfo de la Torre, 1938
Galas de México

BOTTOM RIGHT
Mujer con Caballo
[Woman with Horse]
Armando Drechsler, 1938
Galas de México

Mis Mejores Amigos
[My Best Friends]
Torrero, 1937
Calas de México

A. Gómez R.

PURA MEXICANA

ABOVE

Torito Chiquito
[Little Bull]
Luis Améndolla, 1955
Collection of Museo Soumaya

LEFT

Pura Mexicana
[Pure Mexican]
Artist unknown/
Artista desconocido, 1947
Galas de México

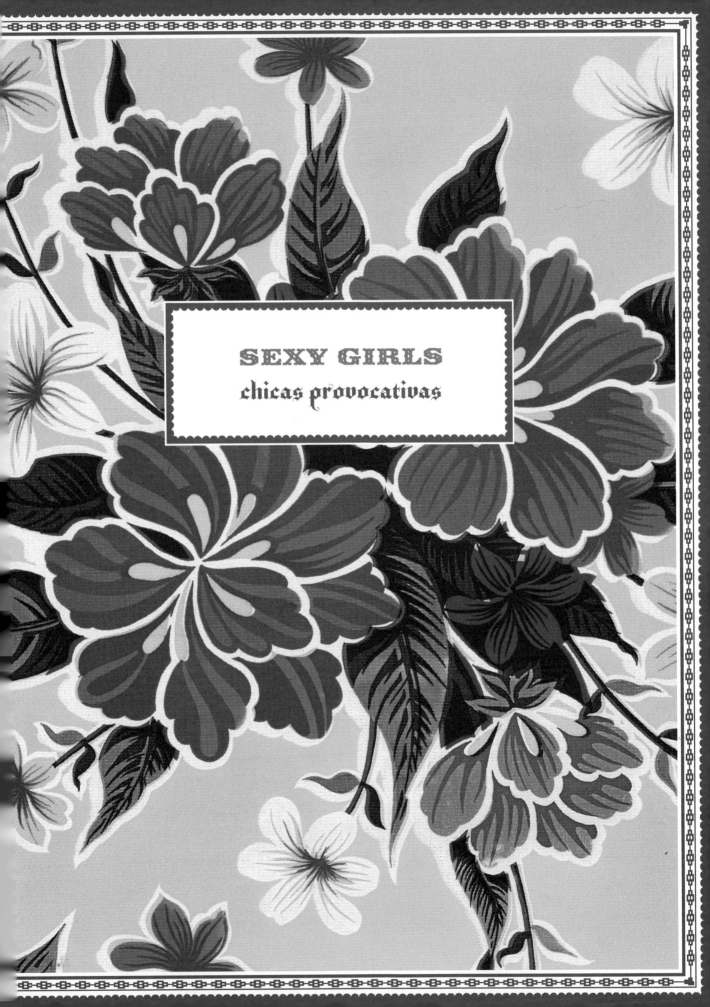

SEXY GIRLS

chicas provocativas

PRECEDING
Fascinacíon
[Fascination]
Armando Drechsler, 1948

ABOVE
Bañista
[Bathing Beauty]
José Bribiesca, 1945
Collection of Galas de México

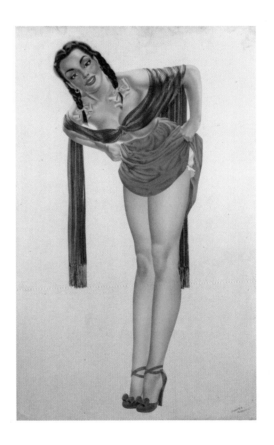

1950	JANUARY	1950

1949 DECEMBER 1949								SUN	MON	TUE	WED	THU	FRI	SAT		1950 FEBRUARY 1950					
Sun	Mon	Tue	Wed	Thu	Fri	Sat		1	2	3	4	5	6	7		Sun	Mon	Tue	Wed	Thu	Fri	Sat
				1	2	3		8	9	10	11	12	13	14					1	2	3	4
4	5	6	7	8	9	10		15	16	17	18	19	20	21		5	6	7	8	9	10	11
11	12	13	14	15	16	17		22	23	24	25	26	27	28		12	13	14	15	16	17	18
18	19	20	21	22	23	24		29	30	31						19	20	21	22	23	24	25
25	26	27	28	29	30	31										26	27	28				

LAST MONTH · NEXT MONTH

LEFT

𝕿entación
[Temptation]
Artist unknown/
Artista desconocido, 1946
Galas de México

ABOVE

𝕬capulco
Artist unknown/
Artista desconocido, c. 1942
Pyasa–Lito–Leosa

TOP LEFT
La Sirena
[The Mermaid]
Jaime Sadurní, 1951
Galas de México
Collection of Museo Soumaya

BOTTOM LEFT
Charra con Latigo
[Cowgirl with Whip]
Mario Chávez Marión, 1957
Galas de México
Collection of Museo Soumaya

TOP RIGHT
Linda Tehuanita
[Beautiful Tehuana]
Mario Chávez Marión, 1957
Galas de México
Collection of Museo Soumaya

BOTTOM RIGHT
Rumbera
[Rumba Dance]
Antonio Gómez R., 1947
Galas de México
Collection of Museo Soumaya

𝔖𝔢𝔞𝔪𝔬𝔰 𝔄𝔪𝔦𝔤𝔬𝔰
[Let's Be Friends]
Artist unknown/
Artista desconocido, 1946
Galas de México
Collection of Dean Patzer

SIDRAL-MUNDET
ESTO ES ESTO
Para la mesa
y refresco
SIDRAL MUNDET
SIDRAL MUNDET

EXCLUSIVE
CALENDARS
calendarios exclusivos

siéntase
como nuevo!

¡Como me gusta...

CARTA BLANCA

...AUTENTICAMENTE MEXICANA!

ABOVE
Mujer Tropical
[Tropical Woman]
José Bribiesca, 1952
Galas de México
Collection of Museo Soumaya
Exclusive calendar,
Cervecería Moctezuma

RIGHT
Vuelve Otra Vez
[Come Back Again]
Luis Améndolla, 1957
Galas de México
Collection of Museo Soumaya
Exclusive calendar to be customized
for cigarette companies

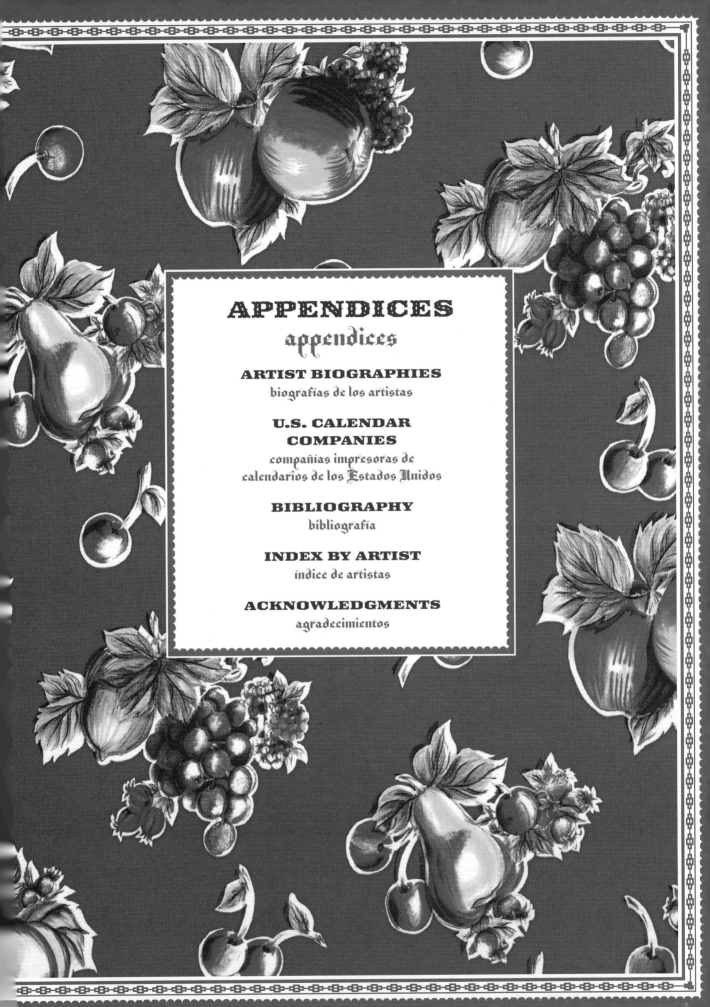

APPENDICES
appendices

ARTIST BIOGRAPHIES
biografías de los artistas

U.S. CALENDAR COMPANIES
compañías impresoras de calendarios de los Estados Unidos

BIBLIOGRAPHY
bibliografía

INDEX BY ARTIST
índice de artistas

ACKNOWLEDGMENTS
agradecimientos

ARTIST BIOGRAPHIES

Little is known about most of the artists who created Mexican calendar art during the first part of the twentieth century. We do know, however, that most Mexican calendar painters considered themselves factory workers. They would report for work each morning at the printing house, work a full day, punch a time clock, and get a paycheck every fifteen days, just like the print master, press operator, or ink mixer. Accomplished painters received a salary, but they were still expected to show up for work every day. Very few master painters were permitted to work on commissioned pieces from their home studios. Typical pay for a calendar painter was from minimum wage to three times average wage. An average painter would work on one painting at a time, each of which would take three to twelve months to complete. Many artists had no formal art education, and some were taught the tricks of the trade by their fellow calendar painters. Several came from Spain and Germany, immediately fell in love with the color and splendor of Mexico, and never left. Most died without knowing that their calendar images would mean so much to so many who love Mexico.

No books and few magazine articles have ever been published about these hard-working and creative calendar painters, with the exception of Jesús de la Helguera. The Museo Soumaya in Mexico City, Alfonso Morales, Ana Elena Mallet, and Gabriela Huerta Tamayo were the first to document any of the painters' histories, by interviewing artists or their surviving families. Here, with the permission of the museum and Huerta, is a condensation of their extensive biographical research into the lives of some of the most accomplished Mexican calendar artists. The biographies of Humberto Limón, Rodolfo de la Torre, Jaime Sadurní, and Jorge Murillo were researched by the author.

BIOGRAFÍAS DE LOS ARTISTAS

Poco es lo que se sabe de los artistas que crearon el arte del calendario mexicano durante la primera mitad del siglo XX. Sabemos de cierto, sin embargo, que la mayoría de los pintores de calendario mexicanos se consideraban obreros de una fábrica. Ellos venían a trabajar cada mañana a la imprenta, cumplían con la jornada laboral, ponchaban un reloj y recibían su paga cada quince días, lo mismo que el maestro impresor, el operador de las prensas o el que mezclaba la tinta. Los pintores diestros recibían un salario fijo, pero aun así se esperaba de ellos que viniesen a trabajar todos los días. Se permitía a muy pocos pintores consagrados que trabajaran las piezas por encargo en sus casas. La paga típica de un pintor de calendario iba desde la paga mínima hasta tres veces la paga mínima. Un pintor promedio trabajaba en una pintura por vez, cada una de las cuales tomaba de tres a doce meses terminar. Muchos artistas carecían de educación académica artística, y algunos aprendieron los trucos de su oficio de sus colegas, los otros pintores de calendario. Muchos vinieron de España y Alemania, se enamoraron inmediatamente del color y el esplendor de México y nunca se fueron. La mayoría murieron sin saber que sus imágenes para los calendarios tendrían tanto valor para tanta gente que ama a México.

Se han publicado pocos artículos de revista y no se ha publicado libro alguno sobre estos pintores de calendario, tan laboriosos y creativos, a excepción de Jesús de la Helguera. El Museo Soumaya en la Ciudad de México, Alfonso Morales, Ana Elena Mallet, y Gabriela Huerta Tamayo fueron los primeros en documentar de algún modo las historias de algunos de estos pintores, por medio de entrevistas a los artistas o a sus familiares que aún viven. Aquí, con el permiso del museo y de Huerta, brindamos una condensación de su considerable investigación biográfica de las vidas de algunos de los mejores artistas mexicanos de

Luis Améndolla

Born in Mexico City in 1928, Luis Améndolla began working at Galas de México in 1953 as a commercial illustrator of packaging and labels. He advanced to the calendar department where he was taught oil painting by José Bribiesca Ruvalcaba and Aurora Gil. He soon became a fast and prolific painter. Like other commercial illustrators of his generation, he was influenced by American graphics and by artists like Norman Rockwell. His typical themes were traditional Mexican scenes and urban subjects, but more important are his comical and humorous scenes. Santiago Galas, who reluctantly published these humorous calendars, was pleasantly surprised by sales results. When Améndolla stopped working at Galas de México, he lived for a while in the United States, where he created paintings for restaurants. He was a member of the Las Vegas Art League, and he received recognition for his water-color paintings. The Galas de México collection includes approximately three hundred of his works.

José Bribiesca Ruvalcaba

José Bribiesca Casillas (1891–1946) was a prominent calendar artist whose works included the pre-Conquest painting *Reina del Cacao*. His son, José Bribiesca Ruvalcaba, was born in Mexico City in 1915. Father and son worked for both Litografia Latina in the early 1940s and Galas de México until the late 1950s. Their motifs emphasized the cultural geography of Mexico, its traditions, and its folk art, through themes of national identity. The son was the exclusive painter for the products Sidral Mundet (a soft drink), Royal Crown Cola, and Mission Santo Tomas wine. He died in a car accident on the Cuernavaca-Mexico road in 1959.

---

calendario. Las biografías de Humberto Limón, Rodolfo de la Torre, Jaime Sadurní, y Jorge Murillo fueron investigadas por la autora.

Luis Améndolla

Nacido en Ciudad México en 1928, Luis Améndolla comenzó a trabajar en 1953 en Galas de México como ilustrador comercial de envolturas y etiquetas. Fue promovido al departamento de los calendarios, donde aprendió a pintar al óleo con José Bribiesca Ruvalcaba y Aurora Gil. Pronto se convirtió en un pintor rápido y prolífico. Como otros ilustradores comerciales de su generación, recibió la influencia de los gráficos americanos y de artistas como Norman Rockwell. Sus temas usuales eran escenas mexicanas tradicionales y temas urbanos, pero lo más importante son sus escenas cómicas y humorísticas. Santiago Galas, quien publicó a regañadientes estos calendarios humorísticos, fue agradablemente sorprendido por los resultados de las ventas. Cuando Améndolla dejó de trabajar para Galas de México, se fue a vivir por un tiempo a los Estados Unidos, donde hizo pinturas para restaurantes. Fue miembro de Las Vegas Art League y recibió cierto reconocimiento por sus acuarelas. La colección de Galas de México incluye aproximadamente trescientas de sus obras.

José Bribiesca Ruvalcaba

José Bribiesca Casillas (1891–1946) fue un bien conocido pintor de calendario entre cuyas obras se encuentra la pintura precolombina *Reina del Cacao*. Su hijo, José Bribiesca Ruvalcaba, nació en Ciudad México en 1915. Padre e hijo trabajaron tanto para Litografía Latina a principios de la década de 1940 como

Eduardo Cataño Wilhelmy

Eduardo Cataño was born on October 13, 1910, in Santiago Ixcuincla, Nayarit. His father, Jesús Cataño Flores, was a photographer; his mother, Flora Wilhelmy del Real, was the daughter of a German sailor living in Mazatlán. Cataño became an orphan at a very young age, and he soon began supporting his extended family by selling his caricatures and drawings. Circumstances forced the young boy to migrate to Mexico City, where he landed small art jobs. Cataño started at San Carlos Academy at age fifteen and graduated three years later. By then he had become a cultivated young man: a true gentleman, skilled conversationalist, poet, and sculptor, knowledgeable about art history and colonial architecture.

From about 1940 to 1950, Cataño first worked at Enseñanza Objetiva, and then at Lito Offset Latina. There he was an exclusive painter for prominent products like Cigarros Águila, Cerveza Moctezuma, Refrescos Bimbo, Pascual, and Pep. In 1950, he was recommended for a position at Galas de México, where he would work for the rest of his life. At Galas, he painted the popular calendars for Cuahtémoc Brewery, which produced Carta Blanca beer.

Eduardo Cataño was one of the most prolific artists at Galas de México. He was well known for his stylized billowing skirts. He favored painting beautiful women in their regional dress in exotic locations around Mexico. His cloud-filled skies and romantic themes made his calendars popular for decades. Like Jesús de la Helguera and Jaime Sadurní, Cataño worked in large format—always painting during daylight hours because of his dislike of artificial light—and he thoroughly researched his paintings. The cultural richness of Mexico was always his major focus. The most distinctive characteristic of his calendar work was his use of folkloric, ethnic, and regional themes, through which he often depicted beautiful women in traditional handmade

para Galas de México hasta fines de la década de 1950. Sus motivos hacían hincapié en la geografía cultural de México, sus tradiciones y su arte popular, por medio de temas de identidad nacional. El hijo fue el pintor exclusivo de los productos exclusive Sidral Mundet (refresco mexicano), Royal Crown Cola y del vino Misión de Santo Tomas. Murió en un accidente automovilístico en la carretera de Cuernavaca a México en 1959.

Eduardo Cataño Wilhelmy

Eduardo Cataño nació el 13 de octubre de 1910, en Santiago Ixcuincla, Nayarit. Su padre, Jesús Cataño Flores, era fotógrafo; su madre, Flora Wilhelmy del Real, era la hija de un marino alemán residente en Mazatlán. Huérfano a muy temprana edad, pronto comenzó a mantener a sus familiares vendiendo sus caricaturas y dibujos. Las circunstancias forzaron al muchacho a emigrar a la Ciudad de México, donde consiguió pequeñas comisiones como artista. Cataño entró en la Academia de San Carlos a los quince años y se graduó tres años después. Para entonces se había convertido en un joven culto: un verdadero caballero, gran conversador, poeta y escultor, y un conocedor de la historia del arte y de la arquitectura colonial.

Aproximadamente de 1940 a 1950, Cataño trabajó al principio en Enseñanza Objetiva y luego en Offset Latina. Allí fue el pintor exclusivo para famosos productos como Cigarros Águila, Cerveza Moctezuma, Refrescos Bimbo, Pascual y Pep. En 1950, fué recomendado para un puesto en Galas de México, donde trabajaría el resto de su vida. En Galas, pintaría los populares calendarios para la Cervecería Cuahtémoc donde se producía la cerveza Carta Blanca.

Eduardo Cataño fue uno de los pintores más prolíficos de Galas de México. Cataño fue bien conocido por sus estilizadas faldas infladas por el viento. Le gustaba pintar bellas mujeres en atuendos regionales,

dresses and elaborate settings full of accurately detailed props.

At age forty, he met Margarita Michelena, a reporter, whom he married some time later. Cataño did not join any of the artistic or political movements of the time, even though the couple's house was visited by the most prominent artists and intellectuals of the period: Octavio Paz, Pablo Neruda, Rufino Tamayo, and Rosario Castellanos, among others. According to coworker Humberto Limón, Cataño lost his vision in later years.

Armando Drechsler

The German painter Armando Drechsler, most likely a veteran of World War I, arrived in Mexico City in the mid-1920s. Drechsler soon found great prestige as a portrait painter because of his modern European style, which he adapted to represent Mexican themes. Working in oils, he painted beautiful women with exquisite detail and realism, a style that would become his signature. He could render Indians, *charras,* or peasant girls with elegance, always constructing the picture with cultural sensitivity and emphasis on perfect facial features. Some of his most famous calendars depict Aztec princesses adorned in their carved jade jewelry. As a calendar painter he worked for Enseñanza Objetiva, Lito Offset Latina, and Galas de México. Benito Zamora, the head printer at Galas de México from 1924 to 1952, remembers Drechsler as a *bon vivant* and a bohemian. In the 1930s, Drechsler landed work as a muralist to supplement his calendar painting. He painted one of his early murals for the casino at the Foreign Club in Mexico City, featuring proud Chinacos and Huichol Indians in a Mexican valley landscape. He decorated the Alameda Theatre in Mexico City in the Colonial California style, with murals depicting elegant men and women with greyhounds. These murals allowed him to popularize the Art Deco and Colonial California styles, in vogue during the 1930s and 1940s.

en lugares exóticos de México. Sus nublados cielos y temas románticos hicieron que sus calendarios fuesen populares por décadas. Como Jesús de la Helguera y Jaime Sadurní, Cataño trabajaba en formato grande; pintaba durante el día, porque no le gustaba la luz artificial a sus pinturas. La riqueza cultural de México fue siempre el centro principal de su trabajo. La característica más distintiva de sus obras para calendarios fue el uso de temas folklóricos, étnicos y regionales.

A los cuarenta años conoció a Margarita Michelena, una periodista, con quien se casó poco después. Cataño no participó en ninguno de los movimientos artísticos o políticos de su momento, a pesar de que la casa de la pareja era visitada por los más conocidos intelectuales y artistas de la época: Octavio Paz, Pablo Neruda, Rufino Tamayo y Rosario Castellanos, entre otros. Según Humberto Limón, su compañero de trabajo, Cataño perdió la vista durante sus últimos años.

Armando Drechsler

El pintor alemán Armando Drechsler, probablemente un veterano de la Primera Guerra Mundial, llegó a la Ciudad de México a mediados de la década de 1920. Drechsler se hizo pronto de un gran prestigio como retratista debido a su moderno estilo europeo, que él adaptó para representar temas mexicanos. Trabajando al óleo, pintaba bellas mujeres con exquisito detalle y realismo, un estilo que se convertiría en su sello distintivo. Podía dotar a sus indias, charras o chicas campesinas con elegancia, construyendo siempre sus pinturas con una sensibilidad cultural y un énfasis en la perfección de las facciones. Algunos de sus calendarios más famosos mostraban a princesas aztecas con sus joyas de jade tallado. Trabajó como pintor de calendario para Enseñanza Objetiva, Lito Offset Latina y Galas de México. Benito Zamora, el impresor principal de Galas

Aurora Gil

Only four women painters worked for Galas de México during the 1960s. The first was Aurora Gil. Born in La Comina, Spain, she studied at Barcelona's School of Bellas Artes. Arriving in Mexico in the 1950s, Aurora Gil found a place to live in Toluca, where she read a notice advertising a job opening at Galas de México and decided to travel to Mexico City for an interview. At first rejected because of her gender, the tenacious Gil went back again in 1954 to meet with Don Santiago Galas, this time with one of her paintings under her arm. He hired her immediately. That painting, depicting a beautiful seated woman covering her nudity with a translucent hat (see page 109), became her first work to grace one of Galas's calendars. At a time when it was considered questionable for women to work, Gil sidestepped the gender-based disapproval of potential clients by signing most of her paintings "A. Gil." She worked at Galas for just three years, later going on to teach and paint portraits in Mexico City.

Antonio Gómez R.

Antonio Gómez R. was one of the early calendar painters. His works were published in the 1920s and 1930s in some of Mexico's cultural magazines, including *El Maestro*, for which he created a beautiful cover. He worked for Enseñanza Objetivo, Lito Offset Latina (later called Litografia Latina), and Galas de México. He formed a close bond with Jesús de la Helguera, Eduardo Cataño, and Jaime Sadurní while working at Litografia Latina. These four men established the framework for Mexican calendar art. They set the standard, and their excellent painting of popular Mexican themes made calendar advertising a national success. Their calendar content was divergent from that of their American counterparts, as they focused on Mexican traditions, regional diversity, and the beauty that was uniquely Mexican. Their friendship, competition, and technical assistance given to one another made for the creation of a body of effective, influential advertising art that captured the

de México de 1924 a 1952, recuerda a Drechsler como un *bon vivant* y un bohemio. En la década de 1930, Drechsler consiguió trabajo como muralista para complementar su labor en los calendarios. Él pintó uno de sus primeros murales para el casino en el Club Extranjero de la Ciudad de México, retratando a orgullosos chinacos e indios huicholes en un valle mexicano. Decoró el Teatro Alameda en Ciudad México en el estilo colonial californiano, con murales que mostraban a elegantes hombres y mujeres paseando galgos. Estos murales le permitieron popularizar el estilo colonial californiano y el Art Deco, de moda durante las décadas de 1930 y 1940.

Aurora Gil

Sólo cuatro mujeres trabajaron para Galas de México durante la década de 1960. La primera fue Aurora Gil. Nacida en La Comina, España, estudió en la Escuela de Bellas Artes de Barcelona. Llegada a México a mediados de la década de 1950, Aurora Gil se estableció en Toluca, donde leyó un anuncio de una oferta de trabajo en Galas de México y decidió viajar a la Ciudad de México para una entrevista. Rechazada al principio debido a su sexo, la tenaz Gil regresó en 1954 para reunirse con don Santiago Galas, esta vez con una de sus pinturas bajo el brazo. Él le dio empleo inmediatamente. Esa pintura, que mostraba a una hermosa mujer sentada cubriendo su desnudez con un sombrero translúcido (pagina 109), fue la primera de las suyas en aparecer en un calendario de Galas. En una época en que se consideraba cuestionable que las mujeres trabajen, Gil esquivó la desaprobación basada en su sexo de los clientes potenciales firmando la mayoría de sus pinturas como A. Gil. Trabajó en Galas solamente por tres años, y más tarde se dedicó a la enseñanza y a pintar retratos en la Ciudad de México.

sentimental feeling of Mexico. Complex, large-format canvases filled with people involved in fiestas, home life, and traditional customs in Puebla, Oaxaca, and Veracruz were some of Gómez's most significant works. He was also the first artist to paint women fighting as *soldaderas* and *adelitas* in the Mexican Revolution.

Jorge González Camarena

Jorge González Camarena was born in Guadalajara in 1908. At age ten, he joined the San Carlos Academy in Mexico City, where he would meet Diego Rivera and Gerardo Murillo, with whom he would forge a long friendship. During the 1920s he studied at the Tlalpan open-air school of painting. He began work as a commercial artist in the 1930s, illustrating magazines and decorating buildings such as the Bank of Mexico in Veracruz and the Institute of Technology in Monterrey. Later, with Francisco Cornejo, he opened an advertising agency,

the income from which helped to support his family. During this period, commercial art painting was considered a less-than-reputable occupation, so he signed his work with the pseudonym "Lego." His paintings are characterized by geometric shapes, translucent forms, and the expressive and sensual use of color. Through his compositions made up of women, flowers, and fruits, he seems to capture the essential feminine identity of Mexico. González Camarena was part of a movement that promoted murals as a way to express nationalistic and political themes. His murals still decorate the walls of some major museums in Mexico and Chile. He died in 1980.

Jesús de la Helguera

The most popular of all Mexican calendar painters is Jesús de la Helguera. Born in Chihuahua in 1910, he moved to Spain with his paternal grandparents while still an infant. As he grew, he studied

Antonio Gómez R.

Antonio Gómez R. fue uno de los primeros pintores de calendario. Sus obras fueron publicadas en las décadas 1920 y 1930 en algunas de las revistas culturales de México, entre ellas *El Maestro,* para la que hizo una hermosa cubierta. Trabajó para Enseñanza Objetivo, Lito Offset Latina (luego llamada Litografía Latina) y Galas de México. Forjó una estrecha amistad con Jesús de la Helguera, Eduardo Cataño y Jaime Sadurní mientras trabajaba en Litografía Latina. Estos cuatro hombres establecieron los cimientos del arte mexicano de calendario. Ellos establecieron las normas, y sus excelentes pinturas de temas populares mexicanos hicieron de los calendarios publicitarios un éxito a nivel nacional. A diferencia de sus contrapartes estadounidenses, el contenido de sus calendarios se centraba en las tradiciones mexicanas, la diversidad regional y una belleza que era exclusivamente mexicana. Su amistad, competencia y asistencia técnica mutua facilitaron la creación de obras de arte publicitario efectivas e influyentes, que capturaban el sentimiento vivo de México. Complejos lienzos de formato grande, llenos de gente participando en las fiestas, la vida hogareña y las costumbres tradicionales de Puebla, Oaxaca y Veracruz fueron algunas de las obras más significativas de Gómez. Él fue, asimismo, el primer artista que pintó a las mujeres peleando en la Revolución mexicana como soldaderas y adelitas.

Jorge González Camarena

Jorge González Camarena nació en Guadalajara en 1908. A los diez años, entró en la Academia de San Carlos en la Ciudad de México, donde conocería a Diego Rivera y a Gerardo Murillo, con los cuales forjó una amistad duradera. Durante la década de 1920, estudió en la escuela de pintura al aire libre de Tlalpan.

history, folklore, and cultural behavior under leading Spanish teachers. He became an admired illustrator of books and magazines, as well as a respected professor. In 1936, with the start of the Spanish Civil War, he and his wife moved back to Mexico. Helguera's first calendars, *Poco a Poquito* and *La Fiesta del Istmo,* were painted in 1939 for Enseñanza Objetiva. In 1940 he painted *La Leyenda de los Volcanes,* which, in its calendar form, has been so popular that it has never been out of print.

Jesús de la Helguera worked for La Enseñanza Objetiva between 1941 and 1953, when he started creating his distinctive Aztec warrior paintings. He then worked for Litografia Latina, and by the mid-1950s he was working for Galas de México, where he was an exclusive artist for La Moderna cigarettes. His most popular subjects were mythical Aztec scenes and imaginary Mexican utopias. These images have come to represent the Mexican people's cultural identity and are seen as an everlasting homage to their pre-Conquest ancestors. Helguera died in Mexico City on December 4, 1971. He did not receive international acclaim until 1985, when his work was exhibited at the Palacio de Bellas Artes in Mexico City. Many now consider him the finest of all of the calendar painters.

Humberto Limón

One of the last calendar painters of Mexico was Humberto Limón. He was the youngest of ten, born in Tepeyahualco, Puebla, in 1931. Although he had no formal art education, he got his first job in 1954 working for American Lithograph. There, he illustrated the covers of many sports magazines before starting calendar work. In 1960, when a friend suggested that he try his luck at Galas de México, he tried repeatedly to get an appointment but was refused. Undaunted, he took his largest calendar-girl painting and stood with it on the sidewalk in front of the Galas factory in Mexico City. When Santiago Galas

Comenzó a trabajar como artista comercial en la década de 1930, ilustrando revistas y decorando edificios como el Banco de México en Veracruz y el Instituto de Tecnología en Monterrey. Más adelante, junto a Francisco Cornejo, abrió una agencia publicitaria, cuyos ingresos ayudaron a sostener a su familia. En aquella época, la pintura comercial era considerada una ocupación poco respetable, por lo que él firmaba sus obras con el pseudónimo "Lego". Sus pinturas se caracterizan por las figuras geométricas, las formas translúcidas y su delicado uso del color. Sus composiciones de mujeres, flores y frutas parecen capturar la identidad femenina esencial de México. González Camarena fue parte de un movimiento que promovía los murales como una forma de expresar los temas nacionalistas y políticos. Sus murales decoran aún los muros de algunos de los principales museos de México y Chile. Murió en 1980.

Jesús de la Helguera

Jesús de la Helguera es el más popular de todos los pintores mexicanos. Nacido en Chihuahua en 1910, se fue a España con sus abuelos paternos siendo aún un bebé. Creció estudiando historia, folklor y comportamiento cultural bajo los principales maestros españoles. Llegó a ser un admirado ilustrador de libros y revistas, a la vez que un respetado profesor y el pintor preferido de México. En 1936, al comienzo de la guerra civil española, él y su esposa regresaron a México. Los primeros calendarios de Helguera, *Poco a Poquito* y *La Fiesta del Istmo,* fueron pintados en 1939 para Enseñanza Objetiva. En 1940 pintó *La Leyenda de los Volcanes,* la cual, en forma de calendario, ha sido tan popular que nunca se ha dejado de imprimir.

Jesús de la Helguera trabajó para La Enseñanza Objetiva entre 1941 y 1953, cuando comenzó a crear sus distintivas pinturas de guerreros aztecas. Entró a trabajar entonces en Litografía Latina, y a mediados de la

passed by on his way out for lunch, he offered Limón 250 pesos for the painting, along with an invitation to start work. Señor Galas even paid him 300 pesos to help cover his relocation expenses from Puebla. During his long employment at Galas de México, Limón grew to see Señor Galas as a dear friend and protector of the painters. So supportive was Galas that he loaned Limón eight thousand pesos to buy a *terreno* (plot of land) on which to build a house.

While Limón preferred to paint *charrería* (the art of Mexican horsemanship) and boxers, his calendar themes included historical, folkloric, soccer, and bullfight scenes. He recalls receiving tips from Cataño, Helguera, Sadurní, Améndolla, and José Bribiesca (the son), who was nicknamed "don Pepe." In 1984, Galas sent Limón on a one-month trip to the United States to research and absorb American advertising, packaging, posters, and popular culture, during which Limón visited many cities in California and Arizona. Limón worked for Galas for

a total of twenty-seven years, retiring in 1987 after finishing two paintings for International Harvester. But despite his retirement Limón kept painting and illustrating calendars, this time for Eduardo Solís, owner of Litografia Len in Mexico City.

HUMBERTO LIMÓN
2003

Mario Chávez Marión

Mario Chávez Marión was born in July 1918 in Mazatlán, Sinaloa. Early in life he showed a love for drawing. At age twenty, he convinced his grandparents to send him to San Carlos Academy in Mexico

década de 1950 estaba trabajando para Galas de México, donde fue artista exclusivo para los cigarrillos La Moderna. Sus temas más populares eran escenas de la mitología azteca e imaginárias utopías mexicanas. Estas imágenes han acabado por representar la identidad cultural del pueblo mexicano, y son vistas como un homenaje eterno a sus ancestros preconquistos. Helguera murió en la Ciudad de México el 4 de diciembre de 1971. No recibió el reconocimiento internacional hasta 1985, cuando su obra fue expuesta en el Palacio de Bellas Artes en la Ciudad de México. En la actualidad, muchos lo consideran el mejor de todos los pintores de calendario.

Humberto Limón

Uno de los últimos pintores de calendario de México fue Humberto Limón. Era el más pequeño de diez hermanos, nacido en Tepeyahualco, Puebla, en 1931. Aunque nunca estudió arte, su primer trabajo fue para American Lithograph en 1954, donde ilustró las cubiertas de muchas revistas de deportes antes de comenzar a trabajar en calendarios. En 1960, cuando un amigo le sugirió que probara suerte en Galas de México, trató repetidas veces de concertar una cita en vano. Sin darse por vencido, tomó su mejor retrato de una chica de calendario y se plantó en la acera frente a la fábrica de Galas en Ciudad México. Cuando Santiago Galas pasó por allí camino a su almuerzo, ofreció a Limón 250 pesos por la pintura y una invitación a trabajar para él. Galas incluso le pagó 300 pesos para ayudarle a cubrir los gastos de su mudanza desde Puebla. Durante su larga carrera en Galas de México, Limón llegó a considerar a Galas como un amigo querido y un protector de los pintores. Galas era tan generoso que prestó a Limón ocho mil pesos para comprar un terreno donde construyó su casa.

City. After his graduation he traveled to Los Angeles, where later he joined the Walt Disney team. This position allowed him to work on the film *Pinocchio* in 1940.

During World War II, he worked as a cartographer in London. Later, in the 1950s, he returned to Mexico after many years of adventures. He worked for Claza Films, where he created posters for movies featuring stars such as Esther Fernández, Emilio Tuero, and Jorge Negrete. He also worked on portraits of preeminent Mexicans such as Maria Félix and Silvia Pinal. From 1957 to 1959, while employed by Galas de México, Chávez Marión painted some of the sexiest calendar girls in the company's collection. When he worked in watercolors, his style was reminiscent of the work of Peruvian calendar artist Alberto Vargas. He died in 1988 in Guadalajara, Jalisco.

Jorge Murillo

Jorge Murillo, born in the 1920s, represents a different type of calendar artist: a self-employed painter who didn't work for the major calendar printing houses. Murillo was a master at watercolors and painted street scenes, ethnic villages, and other popular images in great detail. He regularly sold his art to Victor Fosado, owner of Casa Victor, Mexico's finest folk-art shop of the 1940s. His work was quite collectable and certain pieces were selected for custom calendars for the Sanborn's department store, contracted through Galas de México.

Josep Renau Berenguer

Born in Valencia, Spain, in 1907, Josep Renau Berenguer was very active in the cultural life of that city, holding prominent positions and founding the Artists' Union and the Proletariat Artist Group. He went into exile in 1939, along with other communists

---

Aunque Limón prefería pintar temas de charrería (el arte de la doma de caballos mexicana) y boxeadores, los temas de sus calendarios incluyeron escenas históricas, folklóricas, de fútbol y de toros. Él recuerda haber recibido sugerencias de Cataño, Helguera, Sadurní, Améndolla y José Bribiesca (hijo), a quien llamaban don Pepe. En 1984, Galas envió a Limón a los Estados Unidos por un mes, para investigar y absorber los anuncios, las envolturas, los carteles y la cultura popular estadounidenses, un viaje durante el cual visitó muchas ciudades en California y Arizona. Limón trabajó en Galas por un total de veintisiete años y se retiró en 1987, luego de haber terminado dos pinturas para International Harvester. No obstante haberse retirado, Limón continuó pintando e ilustrando calendarios, esta vez para Eduardo Solís, dueño de Litografía Len en la Ciudad de México.

Mario Chávez Marión

Mario Chávez Marión nació en julio de 1918 en Mazatlán, Sinaloa. Desde muy temprano mostró una gran inclinación por el dibujo. A los veinte años, convenció a sus abuelos para que lo enviaran a la Academia de San Carlos en la Ciudad de México. Luego de graduarse, viajó a Los Ángeles, donde más adelante entró a formar parte del equipo de Walt Disney. Este puesto le permitió trabajar en el filme *Pinocho* en 1940.

Durante la Segunda Guerra Mundial, trabajó en Londres como cartógrafo. Más tarde, en la década de 1950, regresó a México después de muchos años de aventuras. Trabajó para los estudios cinematográficos Claza, donde hizo carteles para películas en las que aparecían estrellas tales como Esther Fernández, Emilio Tuero y Jorge Negrete. También hizo retratos de mexicanos famosos como por ejemplo María Félix y Silvia Pinal. De 1957 a 1959, trabajando en Galas de México, Chávez Marión pintó algunas de los calendarios de

fleeing the Spanish Civil War, and was welcomed by the Lázaro Cardenas government of Mexico.

After arriving in Mexico City he soon started working with David Alfaro Siquerios; together, the two men created a mural at the Electricians Union Hall. In the early 1940s, Josep Renau cofounded a commercial illustration studio with his brothers Juan Renau and José Espert, and they subsequently became sought-after designers of Mexican movie posters. In 1959, Josep Renau moved to Berlin, where he continued his work as a muralist, designer, painter, and poster artist. He died in that city in 1982.

Jaime Sadurní Pernia

Jaime Sadurní Pernia was born in Veracruz in 1915. He worked for Santiago Galas from 1935 to 1938; Lithos Mexicanos from 1938 to 1940; Enseñanza Objetiva, where he was the exclusive artist for La Moderna and Cigarros Águila, from 1940 to 1945; Galas de México, where he painted for Canada Dry, from 1946 to 1951; Pepsi-Cola from 1950 to 1951; Lito Offset Latina, where he was the exclusive painter for Tequila Cuervo and Canel's Gum, from 1953 to 1969; and finally Litho Landin from 1972 to 1973. During World War II Sadurní painted posters and propaganda booklets for the Allies.

Jaime Sadurní's calendars are unmistakable. Not only are they beautiful and express the advertisers' excitement about their products, but they also have unexpected composition elements—wind blowing through a model's dress, for example. He was masterful at making his pictures full of movement, wind, and sea spray. Bullfights and horses were another forte. Gorgeous women were in every painting, inspired by his wife, Adela; Rita Hayworth; Sophia Loren; and a lovely dark-haired coworker at Lito Offset Latino. His most famous painting, *La Sirena* (*The Mermaid*, 1951; see page 112) shows his fondness and mastery of female beauty and maritime subjects.

chicas más provocativos de la colección de la compañía. Cuando usaba la acuarela, su estilo recordaba al del artista de calendarios peruano Alberto Vargas. Murió en 1988 en Guadalajara, Jalisco.

Jorge Murillo

Jorge Murillo, nacido en la década de 1920, representa un tipo diferente de artista de calendario: un pintor por cuenta propia que no trabajó por las grandes impresoras de calendarios. Murillo fue un maestro de la acuarela y pintó escenas callejeras, aldeas indias y otras populares imágenes con gran detalle. Vendía regularmente sus pinturas a Víctor Fosado, dueño de Casa Víctor, la mejor tienda de arte popular de México en la década de 1940. Sus obras eran dignas de ser coleccionadas, y ciertas piezas fueron seleccionadas para calendarios ordenados por la tienda de departamentos Sanborns, en un contrato a través de Galas de México.

Josep Renau Berenguer

Nacido en Valencia, España, en 1907, Josep Renau Berenguer participó activamente en la vida cultural de esta ciudad, en la que ocupó importantes puestos y fundó el Sindicato de Artistas y el Grupo de Artistas del Proletariado. Se exilió en 1939, junto a otros comunistas que huían de la Guerra Civil española, y fue recibido con los brazos abiertos en México por el gobierno de Lázaro Cárdenas.

A su llegada a la Ciudad de México, comenzó a trabajar muy pronto con David Alfaro Siqueiros; juntos crearon un mural en el Sindicato de Electricistas. A principios de la década de 1940, Josep Renau fundó un estudio de ilustración comercial con sus hermanos Juan Renau y José Espert, quienes al poco tiempo

Sadurní was a man of strong character and volatile personality; he never signed a painting he didn't care for. He painted elaborate, large-format paintings, averaging two per year, although several of his paintings took more than a full year to paint. He was frequently at odds with his employers for taking too long to complete a painting. Once he retired, he enjoyed painting sea themes and bullfights, as well as making paper dolls and dragons for his grandchildren. He died in August 1988 in Mexico City.

Rodolfo de la Torre

Born in 1919 in the Colonia Roma in Mexico City, Rodolfo de la Torre was only sixteen years old when he started working for Galas de México in 1935. His calendar girls were used in beer advertising. Rodolfo did most of his work for Galas between 1935 and 1939. He was coached and inspired by Armando Drechsler, who was known for his lifelike portraiture. In 1939, the spirit of adventure struck

and Rodolfo joined an uncle in New York City, who was working as an operator of an electric plant. There he worked as a street artist, painting quick portraits at the World's Fair, before returning to Mexico City after the bombing of Pearl Harbor in 1941. He never went back to work for Galas but continued painting still lifes throughout his later years. The highlight of his life was winning the Lotería in 1963, after which he went to Europe to study art. Rodolfo devoted himself to his several businesses, his wife, and their five children. Interviewed by this author in 2003, the eighty-four-year-old artist displayed a spirited, friendly, and humorous nature (and a fondness for wearing a beret!).

RODOLFO DE LA TORRE
2003

se convirtieron en los más buscados diseñadores de carteles de cine mexicano. En 1959, Josep Renau se fue a vivir a Berlín, donde continuó su trabajo como muralista, diseñador, pintor y artista del cartel. Murió en esa ciudad en 1982.

Jaime Sadurní Pernia

Jaime Sadurní Pernia nació en Veracruz en 1915. Trabajó para Santiago Galas de 1935 a 1938; Litógrafos Mexicanos de 1938 a 1940; La Enseñanza Objetiva, donde fue el artista exclusivo para La Moderna y Cigarros Águila, de 1940 a 1945; Galas de México, donde pintó para Canada Dry, de 1946 a 1951; Pepsi-Cola, de 1950 a 1951; Lito Offset Latina, donde fue el pintor exclusivo para Tequila Cuervo y chicles Canel's, de 1953 a 1969 y finalmente Lito Landín, de 1972 a 1973. Durante la Segunda Guerra Mundial, Sadurní pintó carteles y folletos de propaganda para los Aliados.

Los calendarios de Jaime Sadurní son inconfundibles. No solamente son bellos y expresan el entusiasmo de los anunciantes sobre sus productos, sino que presentan elementos de composición inesperados—el viento inflando el vestido de una modelo, por ejemplo. Era un maestro en crear pinturas llenas de movimiento, aire y rocío de mar. Toreros y caballos eran otro de sus fuertes. En todas sus pinturas había bellísimas mujeres, inspiradas por su esposa Adela, Rita Hayworth, Sofía Loren y una hermosa castaña que trabaja en Lito Offset Latina. Su pintura más famosa, *La Sirena* (1951, pagina 112) deja ver su maestría y su afición por la belleza femenina y los temas marinos.

Sadurní era un hombre de carácter fuerte y temperamental, que nunca firmó una pintura de la que no estuviese satisfecho. Pintaba elaborados cuadros de formato grande, un promedio de dos por año, aunque muchas

COMMERCIAL PAINTERS SOCIAL EVENT AT THE FRENCH CLUB IN MEXICO CITY
Evento social de pintores comerciales en el Club Francés en la Ciudad de México
1944, Collection of the family of Jaime Sadurní
Front row, left to right: 2nd, Jesús de la Helguera; 8th, José Bardasauo; 9th, Eduardo Cataño;
10th, Antonio Gómez R.; 11th, Jaime Sadurní
En primera fila, de izquierda a derecha: segundo, Jesús de la Helguera; octavo, José Bardasauo;
noveno, Eduardo Cataño; décimo, Antonio Gómez R.; onceno, Jaime Sadurní

de sus pinturas tomaron más de un año para terminarse. Con frecuencia sus patrones se disgustaban porque le tomaba demasiado tiempo terminar un cuadro. Luego de retirarse, disfrutó pintando temas marinos y corridas de toros, así como fabricando muñecas y dragones de papel para sus nietos. Murió en Ciudad México en agosto de 1988.

Rodolfo de la Torre

Nacido en 1919 en la Colonia Roma en la Ciudad de México, Rodolfo de la Torre tenía sólo dieciséis años cuando comenzó a trabajar para Galas de México en 1935. Sus calendarios de chicas se usaron en anuncios de cerveza. Rodolfo realizó la mayor parte de su trabajo para Galas entre 1935 y 1939. Su mentor e inspirador fue Armando Drechsler, quien era conocido por el parecido de sus retratos. En 1939, su espíritu aventurero lo llevó a irse a vivir a Nueva York con un tío, quien trabajaba como operador de una planta eléctrica. Allí trabajó como artista callejero, pintando retratos rápidos en la Feria Mundial, antes de regresar a la Ciudad de México luego del ataque a Pearl Harbor en 1941. Nunca volvió a trabajar para Galas, sino que continuó pintando naturalezas muertas a lo largo de los años que siguieron. El punto más importante de su vida fue ganar la lotería en 1963, luego de lo cual se fue a Europa a estudiar arte. Rodolfo se dedicó a sus muchos negocios, su esposa y los cinco hijos de la pareja. Entrevistado por la autora en el 2003, el artista de ochenta y tres años demostró tener una naturaleza vivaz, amigable y humorística (¡y que le gustaba llevar una boina!).

U.S. CALENDAR COMPANIES

The first wall calendar was American, created in the late 1890s by newspapermen Edmund B. Osborn and Thomas D. Murphy of Red Hill, Michigan. Their company, Osborn and Murphy, solely dedicated to wall calendar production, relocated to New Jersey about 1900 and soon grew to include printing plants in England, Canada, and Australia.

These two men were pioneers in modern printing, the creation of the color calendar, and the concept of distributing them via traveling salesmen. Millions of calendars were printed annually in the United States by several companies located around St. Paul, Minnesota, near paper mills and manufacturers of heavy printing equipment.

American advertising calendars predated Mexican calendars by approximately thirty years. By the time the Mexican calendar industry was getting started, there were already many popular and well-known illustrators in the United States: Rolf Armstrong, Norman Rockwell, Billy DeVorss, Gene Pressler, and Maxfield Parrish. The popularity of these illustrators influenced the Mexican calendar artists but did not dominate their style.

Brown and Bigelow was founded in 1896 in St. Paul, Minnesota, and would become the largest calendar company in the world. The company's sales network was phenomenal, and its success was furthered by its substantial calendar-printing contracts with the Boy Scouts of America and 4-H. Maxfield Parrish was one of the company's most popular calendar artists in the 1930s. Brown and Bigelow continues to operate in St. Paul, where the firm sells a complete line of advertising and printed items. Its most popular line is that featuring the work of Norman Rockwell.

Shaw Barton Co. and American Art Works were both based in Coshocton, Ohio, a city that became famous for the wide range and enormous quantity

COMPAÑÍAS IMPRESORAS DE CALENDARIOS DE LOS ESTADOS UNIDOS

El primer calendario de pared fue estadounidense, creado a fines de la década de 1890 por los empresarios periodísticos Edmund B. Osborn y Thomas D. Murphy de Red Hill, Michigan. Su compañía, Osborn y Murphy, dedicada exclusivamente a la producción de calendarios de pared, se trasladó a Nueva Jersey alrededor de 1900 y pronto llegó a tener imprentas en Inglaterra, Canadá y Australia.

Estos dos hombres fueron pioneros de la impresión moderna, la creación de los calendarios a color y el concepto de distribuirlos por medio de viajantes de comercio. Millones de calendarios se imprimían anualmente en los Estados Unidos a cargo de varias compañías situadas alrededor de St. Paul, Minnesota, cerca de plantas de papel y de fábricas de equipos pesados de imprenta.

Los calendarios publicitarios estadounidenses precedieron a los mexicanos en aproximadamente treinta años. En la época en que se iniciaba la industria mexicana de los calendarios, ya existían en los Estados Unidos muchos ilustradores bien conocidos: Rolf Armstrong, Norman Rockwell, Billy DeVorss, Gene Pressler y Maxfield Parrish. La popularidad de estos ilustradores influenció a los artistas de calendario mexicanos, pero no dominó su estilo.

Brown y Bigelow se fundó en 1896 en St. Paul, Minnesota, y llegó a ser la mayor compañía impresora de calendarios en el mundo. La red de ventas de la compañía era fenomenal, y su éxito fue promovido por sus sustanciosos contratos de impresión de calendarios para los Boy Scouts de América y el club de 4-H. Maxfield Parrish fue uno de los artistas de calendario más populares de la compañía en la década de 1930.

of specialty advertising generated there. American Art Works specialized in making tin signs and Coca-Cola trays, in addition to printing calendars. Its calendar division was eventually sold off to Shaw Barton in 1940.

Kemper-Thomas Company started out specializing in printed paper sacks, paper fans, and wrapping paper and was printing art calendars as early as 1901. After more than fifty years of operations, it finally became part of the Hallmark group of companies in the 1950s.

HAWAIIAN GIRL
Hawaian
Billy DeVorss, 1940
Louis F. Dow–St. Paul, Minnesota

Brown y Bigelow continúa operando en St. Paul, donde la firma vende una línea completa de artículos impresos y de publicidad. Su línea más popular es la que muestra la obra de Norman Rockwell.

Tanto Shaw Barton Co. como American Art Works tenían su sede en Coshocton, Ohio, una ciudad que llegó a ser famosa por la gran variedad y la enorme cantidad de anuncios especializados creados en ella. American Art Works se especializaba en anuncios de hojalata y bandejas de Coca-Cola, además de imprimir calendarios. Su división de calendarios fue vendida finalmente a Shaw Barton en 1940.

La compañía Kemper-Thomas se especializó al inicio en cartuchos de papel impreso, abanicos de papel, papel de envolver e imprimía calendarios con imágenes ya en 1901. Después de más de cincuenta años de operaciones, se convirtió finalmente en parte del grupo de compañías de Hallmark en la década de 1950.

BIBLIOGRAPHY
BIBLIOGRAFÍA

Agrasánchez Jr., Rogelio. *Carteles de la Época de Oro del Cine Mexicano.* Guadalajara: Universidad de Guadalajara, 1997.

Anonymous. *Almanaque de la Victoria.* El Universal Ilustrado, 1917.

Arizpe, Artemio de Valle. "Breve Historia de la Lotería en México." *Artes de México—El Arte de la Suerte,* vol. 13, Fall, Artes de Mexico y del Mundo, 1991.

Beals, Carleton. *Mexican Maze.* New York: Book League of America, 1931.

Berdecio, Roberto, and Stanley Appelbaum. *Posada's Popular Mexican Prints.* New York: Dover Publications, 1972.

Blichfeldt, E. H. *A Mexican Journey.* Chautauqua: Chautauqua Home Reading Series, 1919.

Buechner, Thomas S., *Norman Rockwell, Artist and Illustrator.* New York: Harry N. Abrams, 1970.

———. *Norman Rockwell: A Sixty Year Retrospective.* New York: Abrams Publishers, 1972.

Covarrubias, Miguel. *South Mexico—Isthmus of Tehuantepec.* New York: Alfred A. Knopf, 1954.

Departamento de Turismo. *Así es México.* México D.F.: Departamento de Turismo, ca.1936.

Espinoza, Elia. "A tesis sobre las funciones del color en la pintura de Jesús Helguera." *In Sesenta Años del Instituto de Investigaciones Estéticas,* edited by Martha Fernández and Louise Noelle, p. 17–29. México D.F.: Universidad Nacional Autonoma de México, Instituto de Investigaciones Esteticas, 1998.

Fernández, Justino. *Mexican Folklore—100 Photographs by Luis Márquez.* México D.F.: Editorial Eugenio Fischgrund, 1949.

Finch, Christopher. *102 Favorite Paintings by Norman Rockwell.* New York: Crown Publishers, 1978.

Frank, Patrick. *Posada's Broadsheets—Mexican Popular Imagery 1890–1910.* Albuquerque: University of New Mexico Press, 1998.

García, Gustavo, and Rafael Avina. *Época de Oro del Cine Mexicano.* México D.F.: Editorial Clio Libros, 1997.

Joseph, Gilbert, Anne Rubenstein, and Eric Zolov, eds. *Fragments of a Golden Age: The Politics of Culture in Mexico since 1940.* Durham: Duke University Press, 2001.

Levi, Vicki Gold, and Steven Heller. *Cuba Style, Graphics from the Golden Age of Design.* New York: Princeton Architectural Press, 2002.

López, Guillermo. *Travel Guide for Mexico.* México D.F.: ANA Asociacion Nacional Automovilistica, 1947.

Marín, Rubén. *Luis Márquez' Timeless Mexico.* México D.F.: Mobil Oil de México, 1978.

Martignette, Charles G., and Louis K. Meisel. *The Great American Pin-Up.* Köln: Taschen, 2002.

Martin, Rick, and Charlotte Martin. *Vintage Illustration: Discovering America's Calendar Artists.* Portland: Collectors Press, 1997.

Meyer, Michael C., and William H. Beezley, eds. *The Oxford History of Mexico.* New York: Oxford University Press, 2000.

Monsiváis, Carlos. *Mexican Postcards.* Translated by John Kraniauskas. London: Verso, 1997.

Montellano, Francisco. *Charles B. Wait—La Época de Oro de las Postales en México*. México D.F.: Circulo de Arte, 1998.

Monteverde, Enrique. *El Maestro Revista de Cultura Nacional, nos. 5 and 7*. México D.F.: Departamento Universitario, 1921.

Morales, Alfonso, and Elia Espinoza. *Cronos y Cronos*. México D.F.: Fundación Cultural Televisa / Centro Cultural Arte Contemporaneo, 1993.

Museo Soumaya. *La Leyenda de Los Cromos, El Arte de los Calendarios Mexicanos del Siglo XX en Galas de México*. México D.F.: Asociación Carso, 2000. An exhibition catalog.

———. *La Patria Portátil, 100 Years of Mexican Chromo Art Calendars*. México D.F.: Asociación Carso, 1999. An exhibition catalog.

Orozco, Federico Dávalos. *Albores del Cine Mexicano*. México D.F.: Editorial Clío Libros, 1996.

Rochfort, Desmond. *Mexican Muralists*. Lincoln: Universe Publishing, 1993.

Rothenstein, Julian. *Posada—Messenger of Mortality*. Mt. Kisco: Moyer Bell Limited, 1989.

Simpson, Lesley Byrd. *Many Mexicos*. Berkeley: University of California Press, 1966.

Smith, Bradley. *Mexico—A History in Art*. New York: Gemini-Smith, 1968.

Strode, Hudson. *Now in Mexico*. New York: Harcourt, Brace and Company, 1947.

Toor, Frances. *Frances Toor's Motorist Guide to Mexico*. México D.F.: Frances Toor Studios, 1938.

———. *A Treasury of Mexican Folkways*. New York: Bonanza Books, 1947.

Williams, Adriana. *Covarrubias*. Austin: University of Texas Press, 1994.

Zepeda, Tomas. *La República Mexicana Geografía Atlas*. México D.F.: Editorial Progreso, 1966.

INDEX BY ARTIST
ÍNDICE DE ARTISTAS

ACKNOWLEDGMENTS

Sincere and long-overdue thanks are offered to all Mexican calendar artists, who gave us so much and never received recognition in their lifetimes.

This book would not have been possible without the tremendous help and generous support of Litografia Latina, Museo Soumaya, and Galas de México. Susana, Mónica, and Gabby are at the heart of this book, as they shared their love of calendar art with me as well as their research, images, and historical information. Their gracious trust in this *extranjera* made this book a reality.

A profound *gracias* goes to Carlos Monsiváis and his assistant, Rodolfo Rodríguez Casteñeda, who gave me the inspiration to share calendar girls with the world.

Special thanks go to Pauline Harry, Dean Patzer, and Ramón Villalba, who got my calendar collection started and fueled my desire to collect; Miguel Ángel Tinoco, my dear friend, cultural historian, museologist, translator, and guide, who provided invaluable service during my many trips to Mexico; at Litografia Latina, Susana Alduncin Monroy and her entire family; Fernando Jiménez, for technical support; Señora Susana Monroy, the matriarch of the family, for sharing her stories, histories, and memories of working with the calendar artists; at Museo Soumaya, Mónica López Velarde Estrada, Gabriel Huerta Tamayo, and Juan Pablo Berrocál Navarro, as well as photographers Javier Hinojosa, Jorge César Flores Ruiz, and Sergio Salinas Márquez; and at Galas de México, Alfonso García, for sharing history, information, and recollections from his forty-two years of work at Galas de México as a graphic designer and manager.

The outstanding photography of vintage pieces in the author's collection was provided by Guillermo Le Franc. The original paintings and location shots in Mexico City were brilliantly realized by Jesús Sánchez Uribe.

I extend my thanks to the calendar collectors who loaned rare books and calendar material: Renee Wells, Jane Mertz, Leigh Adams, Dean Patzer, Pilar Fosado V., owner of the folk-art shop Casa Victor in Mexico City, and MexicanSugarSkull.com.

Much of the calendar girls story exists only in the form of oral history. Sincere thanks goes to the following patient people who helped me understand their piece of the puzzle: Humberto

---

AGRADECIMIENTOS

Quiero dar mis más sinceras y merecidas gracias a todos los artistas de calendario mexicanos, quienes nos dieron tanto y nunca recibieron reconocimiento alguno durante sus vidas.

Este libro no hubiera sido posible sin la inmensa ayuda y el apoyo generoso de Litografía Latina, el Museo Soumaya y Galas de México. Susana, Mónica y Gabby son parte integrante de este libro, ya que compartieron conmigo su amor a los calendarios, así como sus investigaciones, imágenes e información histórica. Su amable confianza en esta *gringa* hizo posible este libro.

Mis más profundas gracias a Carlos Monsiváis y su asistente, Rodolfo Rodríguez Castañeda, quienes me dieron la inspiración de compartir los calendarios de chicas con el mundo.

Un agradecimiento muy especial para Pauline Harry, Dean Patzer y Ramón Villalba, quienes me ayudaron a comenzar mi colección de calendarios y alimentaron mi deseo de coleccionar; para Miguel Ángel Tinoco, mi querido amigo, historiador de la cultura, museólogo, traductor y guía, quien brindó servicios inapreciables durante mis muchos viajes a México; en Litografía Latina, para Susana Alduncin Monroy y toda su familia; a Fernando Jiménez, por el apoyo técnico; y la señora Susana Monroy, la matriarca de la familia, por compartir sus cuentos, su historia y sus memorias de cuando trabajó con artistas de calendario; en el Museo Soumaya, a Mónica López Velarde Estrada, Gabriela Huerta Tamayo y Juan Pablo Berrocál Navarro, así como a los fotógrafos Javier Hinojosa, Jorge César Flores Ruiz y Sergio Salinas Márquez; y, en Galas de México, a Alfonso García, por compartir conmigo la historia, la información y los recuerdos de sus cuarenta y dos años de trabajo en Galas de México como diseñador gráfico y como gerente.

Las extraordinarias fotografías de piezas clásicas de la colección de la autora fueron hechas por Guillermo Le Franc. Las fotos de las pinturas originales y los lugares de Ciudad México fueron realizadas brillantemente por Jesús Sánchez Uribe.

Limón; Rodolfo de la Torre; the family of Jaime Sadurní; Lucila Casasola; Roberto Landín; Mauro Fuentes Espinosa, of La Chulita calendar newstand in Mexico City; Jorge Sanabríz, of Libería La Estampa in Mexico City; Libería Madero; and Emilio Contreras, owner of the antique cantina La Pasita in El Sapo, Puebla. Research assistants were also helpful at the Biblioteca Nacional, University of Mexico, Centro Nacional para la Cultura y las Artes of México. Cathey Merrill of the Los Amigos del Arte Popular folk-art club was a font of information. Thanks also to historical and cultural advisers from Oaxaca: Tomás Mendoza, Francisco López, Saúl López Jiménez, and Señora María Eugenia Rule. Since this is my first book, I am grateful for the patient guidance I received from David Forrer of Inkwell Management, and Jodi Davis and Steve Mockus, my editors at Chronicle Books. I offer special thanks to authors Robin Maxwell and Masako Takahashi, who were kind enough to get me started in the right direction. Leigh Adams provided invaluable nocturnal translation services.

Finally, a sincere thanks to all the Mexicans I spoke with in cafés, cantinas, flea markets, and antique shops on both sides of the border, who shared memories of their favorite calendar images with me.

There are many calendar painters about whom nothing is known. I am continuing to compile biographical information regarding calendar painters and welcome any contributions. My e-mail address is ReignTrading@earthlink.net.

Mi agradecimiento se extiende a los coleccionistas de calendarios que me prestaron libros raros y materiales de calendario: Renee Wells, Jane Mertz, Leigh Adams, Dean Patzer, MexicanSugarSkull.com y Pilar Fosado V., dueña de la tienda de arte popular Casa Víctor en la Ciudad de México.

Gran parte de la historia de los calendarios de chicas existe solamente bajo la forma de historia oral. Mis más sinceras gracias a éstas pacientes personas que me ayudaron a comprender su pieza del rompecabezas: Humberto Limón; Rodolfo de la Torre; la familia de Jaime Sadurní; Lucila Casasola; Roberto Landín; Mauro Fuentes Espinosa, del puesto de calendarios La Chulita en la Ciudad de México; Jorge Sanabríz, de la Librería La Estampa en la Ciudad de México; la Librería Madero; así como Emilio Contreras, dueño de la vieja cantina La Pasita en El Sapo, Puebla. Ayudantes de investigación fueron también de utilidad en la Biblioteca Nacional, la Universidad de México, el Centro Nacional para la Cultura y las Artes de México. Cathey Merrill del club de arte folklórico Los Amigos del Arte Popular fue un verdadero torrente de información. Gracias también a los consejeros históricos y culturales de Oaxaca: Tomás Mendoza, Francisco López, Saúl López Jimenez y la señora María Eugenia Rule. Ya que éste es mi primer libro, estoy agradecida a la paciente guía que recibí de David Forrer de Inkwell Management, así como de Jodi Davis y Steve Mockus, mis editores de Chronicle Books. Mis más especiales gracias a los autores Robin Maxwell y Masako Takahashi, quienes tuvieron la amabilidad de ayudarme a orientar mi trabajo en la dirección correcta. Mi amiga Leigh Adams hizo invaluable nocturnos servicios de traducción.

Por último, mis más sinceras gracias a todos los mexicanos con los que hablé en cafés, cantinas, mercado de pulgas y tiendas de antigüedades a ambos lados de la frontera, quienes compartieron conmigo sus recuerdos de sus imágenes de calendario favoritas.

Existen muchos pintores de calendario sobre quienes no se sabe nada. He continuado recopilando información biográfica acerca de los pintores de calendario, de modo que toda contribución será bienvenida. Mi correo electrónico es ReignTrading@earthlink.net.